인성 180도 바꾸기

인성 180도 바꾸기

초판 1쇄 인쇄 2019년 10월 20일
초판 1쇄 발행 2019년 10월 25일

지은이 오영철
펴낸이 전익균, 강지철

기 획 백현서, 조양제
관 리 김영진, 정우진
교 육 민선아
디자인 김 정

펴낸곳 도서출판 새빛, 유피피코리아
전 화 (02) 2203-1996 **팩스**(050) 4328-4393
출판문의 및 원고투고 이메일svedu@daum.net
등록번호제215-92-61832호 **등록일자**2010. 7. 12

값 16,000원
ISBN 978-89-92454-65-0(03190)

* 도서출판 새빛은 새빛에듀넷, 새빛북스, 에이원북스, 북클래스 브랜드를 운영하고 있습니다.
* 파본은 구입처에서 교환해 드리며, 관련 법령에 따라 환불해 드립니다
다만, 제품 훼손 시에는 환불이 불가능합니다.

이 도서의 국립중앙도서관 출판시도서목록(CIP)은 서지정보유통지원시스템 홈페이지(http://seoji.nl.go.kr)와 국가자료공동목록시스템(http://www.nl.go.kr/kolisnet)에서 이용하실 수 있습니다.(CIP제어번호: CIP2019039652)

정법 100일 공부의 기승전결

인성 180도 바꾸기

오영철 지음

프롤로그

정말 제2의 IMF가 올까? 사람들이 삼삼오오 모이면 이런 걱정들을 많이 합니다. 자라 보고 놀란 가슴 솥뚜껑 보고 놀라는 것일까요, 아니면 금융위기가 실제로 코앞에 닥쳐서 그런 걸까요?

한 가지 확실한 게 있다면 사람 사는 세상에 위기는 늘 있다는 것입니다. 시절이 평온해도 파산하는 사람이 있는 반면 나라가 몰락했던 1997년의 IMF 때 도리어 기회를 잡아 퀀텀점프를 이뤄낸 사람들도 적지 않습니다.

객관적으로 보면 제2의 IMF가 도래할 가능성이 상당히 높습니다. 또 그렇게 예견하는 전문가들도 많습니다. 이번에 오는 금융위기는 전 세계가 연루된 복합위기의 성격이 강해 1차 IMF 때보다 그 충격이 더 혹독할 것이라는 전망도 나오고 있습니다. 그렇다면 길은 외통수, 전대미문의 이 위기에 맞설 수 있는 대비책을 서둘러 마련하는 것입니다. 그런 준비 가운데 가장 우선적인 것이 인성입니다. 인성만 제대로 갖추면 그 어떤 복합위기가 오더라도 의연하게 맞설 수 있기 때문입니다.

'10년만 더 일찍 이걸 만났더라면..'

우연한 기회에 유튜브에서 정법을 만나 공부하면서 여러 차례 이런 회한이 들었습니다. 그 아쉬움이 너무나 컸기에 자신을 달래는 반론을 만들기도 했습니다.

'10년 전에 이걸 만났더라면 아마 그 가치를 알아보지 못했을 거야.'

하지만 그런다고 해서 마음이 더 편해진 건 아니었습니다. 어제에 대한 미련은 접고 주어진 오늘과 내일을 더 충만하게 사는 게 상책일 것 같습니다. 정법을 공부한 이후의 변화는 스스로 생각해도 놀랍습니다. 어떻게 이런 변화가 가능하지? 의아하게 느껴질 정도입니다.

1. 식욕이 대폭 줄었습니다. 앞날이 불안했던 시기에는 자다가도 슬그머니 일어나 과자 등을 집어먹었지만 이제는 1일 2식의 소식만으로도 별로 허기를 느끼지 않습니다. 공부를 하면서 2달 만에 10킬로를 가볍게 감량했습니다.

2. 미래에 대한 불안감이나 근심, 걱정이 크게 줄었습니다. 내면이 충만해지고 뱃심이 두둑해졌습니다. 세상은 갈수록 더 불확

실해지고 있지만 비전과 설레임이 생겨났습니다.

3. 머리가 맑아지고 의사결정이 신속해졌습니다. 이전에는 이 생각, 저 생각에 잠을 뒤척이고 결정을 못 내려 번뇌하는 날들이 많았습니다. 하지만 이제는 어떤 문제건 큰 망설임 없이 결정하고 바로 행동으로 옮깁니다.

4. 잠을 2시간만 자도 5-6시간을 잔 것처럼 몸이 거뜬해졌습니다. 물론 하루에 2시간만 자지는 않습니다. 2시간 자고 깨서 거뜬함을 느끼더라도 다시 더 잡니다. 대략 5-6시간 정도를 잡니다.

5. 질병이 저절로 없어졌습니다. 공부를 하는 동안에 몇 년간 있었던 폐결절과 지방간이 자신도 모르는 사이에 사라졌습니다.

6. 외로움이 약화됐습니다. 집안의 장남에다 가장이라는 위치의 중압감에 눌려 그동안 외로움을 많이 탔습니다. 하지만 공부를 하면서부터는 의도적으로 모임에 발을 끊었는데도 별로 외롭지 않습니다.

7. 영혼이 튼튼해졌습니다. 이전에는 사소한 말 한마디에 상처를 받고 열을 내거나 팩 토라졌지만 이제는 거의 그러지 않습니다. 또 간혹 그렇게 했더라도 빠른 시간 안에 정상을 회복합니다. 유리병처럼 잘 깨졌던 영혼이 페트병으로 바뀐 것 같습니다.

가족이나 주변의 반응들도 자신의 느낌과 별반 다르지 않았습니다.

"정말 많이 변했어요. 얼굴에 윤이 나요. 더 밝아지고, 더 젊어지고, 더 날렵해졌어요."

"얼굴이 평온해 보입니다. 뭔가 내면으로 더 충만해진 것 같습니다."

왜 이렇게 변했을까? 돌아보니 그 여정들이 꿈만 같습니다. 삶에 지쳐 번아웃이 됐던 42살의 가을, 마음이 너무 힘들고 괴로워 끌려가듯이 마음공부에 입문했습니다. 동서양의 여러 수련 세계를 무려 17년간 섭렵했습니다. 또 그 여정을 가급적 쉽게 정리해 『2막의 멘탈』이란 책도 출간했습니다. 하지만 마음 한편엔 여전히 미진한 구석이 있었습니다. 뭔가 2%가 부족한 것 같았습니다. 딱 꼬집어 말할 순 없었지만 어떤 안타까움이 있었습니다.

1막의 직장인 KBS는 퇴직 1년 전에 안식년을 주었습니다. 급여를 절반으로 줄이는 대신 직장에 출근하지 않고 저마다 2막을 준비하도록 하는 시스템입니다. 시간적 여유가 생겼던 그 시기에 유튜브를 검색하다 우연히 정법강의를 접하게 됐습니다.

'이게 뭐지?'

처음엔 긴가민가 했습니다. 그러나 강의를 하나, 둘 들어가면서 감탄이 나왔습니다. 어떻게 인간에게 이런 통찰이 가능한지 불가사의한 느낌도 들었습니다. 그때부터 마른 스펀지가 물을 빨아들이듯 정신없이 강의를 듣고 법문을 흡수했습니다. 찾지 못해 그토록 애태웠던 2%가 그 안에 다 있었습니다.

브라질의 작가 파울로 코엘료는 처녀작 『순례자』에서 멘토와의 운명적인 만남을 정감 넘치는 필치로 운치 있게 묘사했습니다.

"살아오는 동안 겪은 수많은 일들 중에서, 난 산티아고 순례길에서 보낸 그 첫날밤을 잊을 수가 없다. 여름인데도 추웠던 그날밤, 페트루스가 건네주었던 포도주의 향이 아직도 입안에서 맴돌고 있다.

침낭에 들어가 누운 내 눈앞에 펼쳐진 밤하늘에는 우리가 앞으로 거쳐가야 할 광막한 길을 보여주는 은하수가 반짝이고 있었다. 다른 상황에서였더라면, 그러한 광대함은 커다란 불안을 불러일으키는 동시에 난 결코 성공할 수 없으며 내 앞에 닥친 일을 감당할 수 없을 거라는 엄청난 두려움 속으로 나를 빠뜨렸을 것이다. 그 광대함을 감당하기에는 내가 너무 작다는 걸 일깨워주니까.

그러나 오늘 나는 작은 씨앗이 되었다. 나는 새롭게 다시 태어났다. 내가 빠져 있던 깊은 잠과 대지가 안락함으로 가득 차 있음에도 불구하고, 난 '저 높은 곳'의 삶이 훨씬 더 아름다운 것임을 발견했다. 난 내가 원하는 만큼 새롭게 또다시 태어날 수 있었다. 내 팔이 충분히 자라나, 내가 태어난 대지를 넉넉하게 감싸 안을 수 있을 때까지."

산티아고 700킬로 순례를 계기로 코엘료는 완전히 거듭났습니다. 하고는 싶었지만 자신이 없어 망설였던 작가의 길로 과감하게 뛰어들었습니다. 사회 적응조차 제대로 못했던 그가 세계적인 작가로 도약했습니다. 문학사에 빛나는 금자탑을 쌓았고, 만인의 가슴에 공명을 일으켰으며, 재산도 천문학적인 수준에 이르렀습니다.

한적했던 산티아고 순례길은 코엘료가 『순례자』를 출간한 이후에 일약 세계적인 명소로 변했습니다. 정법 또한 충분히 그럴 수 있다고 봅니다. 정법을 만나 이뤄진 내면의 파격적인 변화는 『순례자』보다 결코 못하지 않습니다. 하지만 인터넷을 아무리 검색해도 정법을 소재로 한 작품은 하나도 없었습니다. 가벼운 체험 수기나 경험담조차 거의 없었습니다.

그렇다면 이 작업은 내가 하는 것이 어떨까? 자연스레 그런 생각이 들었습니다. 타고난 소질 중의 하나가 글쓰기, 또 방송기자로 재직하며 31년간의 훈련을 거쳤고 책을 출간한 경험이 있다는 게 그런 동기를 유발했습니다. 자기계발서 작가인 조 바이텔이 호오포노포노를 집대성한 휴렌 박사와의 만남을 정리해 출간했던 『호오포노포노의 비밀』이 붐을 일으켰던 사례를 벤치마킹하고픈 의욕도 생겼습니다.

혹시 주제넘은 짓은 아닐까 하는 망설임도 있었습니다. 하지만 마음공부의 여정에서 조 바이텔의 책을 통해 호오포노포노를 접하고 직접 실천을 해보며 많은 진전을 이루었던 경험이 자신을 독려했습니다. 그 어떤 책을 출간해도 누군가에게는 도움이 될 수 있겠다는 쪽으로 생각이 정돈됐습니다.

사람들은 대부분 자신의 인성적인 결함을 몸으로 절감하고 있습니다. 하지만 그 해법을 몰라 갑갑해하면서도 그냥 방치만 하고 있습니다. 개인은 물론 대학과 기업, 관공서 등도 똑같은 문제로 고민이 많습니다. 그렇기에 인성 치유의 방법론을 공유하는 건 불특정 다수를 위하는 공익에 부합될 것 같습니다. 또 코엘료가 그랬듯이 자신을 키워준 인연들과 고마웠던 세상, 그리고 멘토께 바치는 작은 답례이기도 합니다.

산티아고 순례길의 멘토 페트루스는 불과 한 달여 만에 코엘료의 인생을 극적으로 반전시켰습니다. 그렇게 거듭난 코엘료는 문학작품들을 통해 수많은 사람들의 가슴에 공명을 불러일으켜 그 삶이 달라지게 만들었습니다. 코엘료의 사례와는 감히 비교조차 할 수 없겠지만 이 책 역시 누군가에게 삶을 도약시키는 촉매제가 될 수 있기를 바라 마지않습니다.

2019년 가을 어느 날

오영철

Chapter

1

인성의 상식을 깬다

1-1

내 안의 산티아고 가는 길

인성 180도 바꾸기

브라질의 작가 파울로 코엘료는 산티아고 700킬로를 순례한 뒤 인생이 180도 달라졌습니다. 그 체험을 바탕으로 쓴 소설 『순례자』는 세계적인 반향을 불러 일으켰습니다.

"내 죽을 때 후회만은 가지고 가지 않겠다."

순례 과정에서 그는 이렇게 결심합니다. 멘토 페트루스가 시킨 일련의 훈련들, 특히 죽음 연습을 마친 뒤에 생각이 근본적으로 달라진 것입니다. 그리고 순례가 끝난 뒤에 그 여정을 소재로 작품을 썼습니다.

자전적 체험 소설 『순례자』가 브라질을 넘어 전 세계에서 대박을 치자 국내에서도 산티아고 순례에 나선 사람들이 많아졌습니다. 어떤 남자는 순례 이후에 교수직을 그만두고 콘텐츠 크리에

이터로 거듭났습니다. 어떤 여자는 제주도에 올레길을 만들었습니다. 산티아고 순례를 통해 변신의 계기를 거친 사람들은 저마다 인생의 퀀텀점프를 이뤄냈습니다.

찬바람이 부는 동지 부근의 어느 날, 산티아고 순례 대신에 정법 동안거 100일 공부에 참가했습니다. 40대에는 마라톤 풀코스 완주, 50대에 들어선 산행을 많이 했기에 산티아고 순례는 별로 매력이 없었습니다. 그보다는 자신의 모순을 짚어보는 동안거 공부가 더 흡인력 있게 다가왔습니다. '나를 바꾸는 시간 100일', 그 슬로건에 울림이 있었습니다.

세상은 이미 4차 산업혁명 시대에 접어들었습니다. 로봇과 인공지능이 문명을 파격적으로 바꿀 것이란 전망이 대세를 이루고 있습니다. 인간의 수명도 100세 시대에 진입해 환갑 전후에 끝났던 이전과는 판이하게 달라졌습니다. 그런데도 인간의 성품은 어떻게 변해야 하는지에 대해선 사회적 담론조차 별로 없었습니다.

그렇다면 길은 외통수, 스스로 답을 찾을 수밖에 없습니다. 계절이 변하면 옷을 갈아입듯이 시대가 변하면 인간의 성품과 가치관, 생활습관을 어떻게 바꾸어야 하는가? 그 답을 찾는 여정이 다름 아닌 100일 공부였습니다.

동안거 100일 공부의 첫 작업은 자신의 서원을 기록하는 것이었습니다. 자신의 모순을 적게는 3개, 많게는 7개를 적어 법문장의 단하에 제출했습니다.

〈나의 다짐〉

'오행을 좋게 받아 태어났지만 남들을 탓하며 불만이 많았습니다. 돌아보니 투정 부리는 삶을 살았습니다. 저의 잘못을 절감했기에 동안거 100일 동안 혼신의 힘을 다해 7가지 모순을 바로잡도록 공부하고 노력하겠습니다.'

– 자신의 모순 –

1군 : 분노, 미움

2군 : 두려움, 격한 절연

3군 : 남 탓, 고집, 잘난 척

이렇게 7개의 모순을 적었습니다. 처음엔 평면적으로 나열했던 모순들을 나중에 강도별로 분류해 다시 3개의 카테고리로 나눴습니다.

'나의 다짐'을 백지에 적어 단하에 제출을 하는데 감정이 울컥했습니다. 여성들 중에는 눈물을 훔치는 사람들도 있었습니다. 새로운 여정을 시작하는 출발점에서 저마다의 사연이 가슴을 친 모양입니다. 앞앞이 말 못하는 그 사연들은 각자가 안고 가야 할 인생의 중량이기도 합니다.

동안거 입제 참석자는 대략 9백여 명, 사전에 예약했던 7백 명을 훌쩍 넘었습니다. 이들을 위해 서둘러 자리를 마련하느라 동안거 공부가 1시간 이상 지연됐습니다.

정법은 오프닝 강의를 통해 2천13년부터 시작된 후천은 더 이상 기복하는 시대가 아니기에 자신의 모순을 바로잡는 공부를 해야 한다고 당부했습니다. 또 공부는 기를 쓰고 열심히 하는 것이 아니라 재밌게 해야 한다고 강조했습니다. 흰색의 개량 한복을 정갈하게 차려입은 진정 스승님은 가슴 아래까지 빗어내린 긴 꽁지머리가 인상적이었습니다.

동안거 입제 날의 강의 주제는 '대화가 필요해.'

사람들은 일상에서 느끼는 대화의 어려움을 토로하며 답을 물었습니다. 남들하곤 대화를 잘하지만 부부간에는 잘 못한다, 어려운 부탁을 하려면 입이 떨어지지 않는다, 어떤 사람하곤 대화가 되는데 다른 어떤 사람하곤 대화가 잘 안된다. 정법은 이 같은 질문들에 대해 대화나 소통이 잘 안되는 이유는 딱 하나, 자신의 질량이 부족하기 때문이라고 진단했습니다. 또 대화가 어려우면 더 이상 무리하게 대화를 시도하지 말고 먼저 자신부터 갖추라고 답했습니다.

질의응답 3시간은 금세 흘러갔습니다. 강의를 들으며 틈틈이 자신의 모순을 생각했습니다. 이렇게 많은 모순을 그토록 오랫동안 방치했든가. 그저 내일, 내일 하다가 세월만 훌쩍 보낸 것 같았습니다.

입제 법문장을 나오면서 고교시절 국어 시간에 배웠던 시 한 편이 떠올랐습니다. 대만의 시인 지셴이 쓴『배』라는 제목의 시였습니다.

저 배 바다를 산보하고
나 여기 파도 흉흉한 육지를 항행한다.
내 파이프 가득히 연기를 뿜으면
나직한 뱃고동, 남저음 목청
배는 화물과 여객을 싣고
나의 적재 단위는
인생이란 중량

1-2

마음이 아픈가, 영혼이 아픈가?

인성 180도 바꾸기

상식이 속절없이 무너지는 시대입니다. 폰은 통신기라는 상식을 깼을 때 폰과 인터넷의 결합체인 스마트폰이 탄생했습니다. 통신기라는 상식을 고수했던 노키아는 애플과 삼성이 스마트폰을 출시하자 순식간에 괴멸되고 말았습니다. 외부환경이 변했을 때 상식을 과감하게 깨지 않으면 몰락할 수밖에 없습니다.

"마음에 상처를 받았다. 마음이 많이 아프다."

우리가 일상에서 상식처럼 사용하는 이 말이 과연 맞는 말일까요? 정법은 아니라고 단언했습니다. 마음은 상처받는 존재가 전혀 아니라는 것입니다. 상처받아 아픈 건 마음이 아니라 영혼이라고 했습니다.

인성공부를 하려면 먼저 인간에 대한 개념부터 정확하게 이해할 필요가 있습니다. 정법은 100일 공부에서 이 점에 대해서도 상세하게 풀어주었습니다. 설명을 들으면서 상식처럼 알고 있었던 많은 부분이 깨지기 시작했습니다.

정법은 사람의 출생이 복합적인 작업을 통해 이뤄진다고 설명했습니다. 지상에선 남녀가 잠자리를 가져 잉태를 해야 합니다. 그러면 DNA를 물려받은 아기의 몸이 산모의 자궁에 만들어져 자라기 시작합니다. 이때 차원계에서는 그 몸에 들어갈 영혼이 선정돼 서서히 자궁 쪽으로 이동합니다. 산월이 되어 아기가 출생하면 영혼은 아기의 몸 6천6혈을 차고 들어와 자리 잡게 됩니다. 그 순간 아기는 몸의 충격을 느끼며 자지러지듯이 울음을 터뜨립니다. 아기의 몸에 영혼이 도킹한 바로 이 순간에 오직 인간만이 가진 독특한 에너지, 마음이 생겨납니다.

마음은 몸과 영혼을 연결하는 에너지이기에 상처받거나 위축되지 않습니다. 당연히 사람이 마음대로 버릴 수도 없습니다. 마음은 사람의 몸과 영혼을 연결하는 기능만을 수행하다가 그 사람이 생을 마감하면 소멸합니다.

마음에 대한 정법의 이런 설명을 듣고는 다소 혼란스러웠습니다. 마음공부를 한답시고 오랫동안 애썼던 노력들이 물거품이 되는 것처럼 허탈하기도 했습니다. 마음공부에서도 영혼의 존재를 인정합니다. 하지만 그와는 별도로 사람의 희노애락 감정을 좌우

하는 주체를 마음으로 파악합니다. 또 세상의 상식도 이와 비슷합니다. 그렇기에 '마음이 아프다', '마음의 상처를 받았다' 등의 표현을 씁니다. 하지만 정법에선 상처받고 아픈 건 자신의 영혼이지 마음이 아니라고 풀어주었습니다. 마음의 컨셉에서부터 정법은 기존의 상식과는 많이 달랐습니다.

1-3

착하게 살면 피눈물 난다

인성 180도 바꾸기

"남에게 피해주지 않고 살았는데 내가 왜 이런 고초를 겪지?"

이른바 착한 사람이나 그 주변에서 자주 하는 한탄입니다. 100일 공부 과정에서도 이런 의문이 들었습니다. 정법의 답변은 또 상식을 부수었습니다.

"누가 당신보고 착하게 살라고 했던가요? 당신 스스로 선택해 그렇게 살았습니다. 착한 게 옳은 것이라고 어떻게 장담할 수 있나요? 착하게 산다는 건 세상에 많은 해악을 끼치는 짓입니다. 착한 사람들 때문에 사기꾼과 범죄자들이 양산됐습니다. 자연은 음양의 짝을 맞추기에 착한 사람이 등장하면 악당이 생겨날 수밖에 없습니다. 착한 사람이 없었다면 최소한 평범하게 살았을 사람이 악당으로 전락했습니다."

세상에, 이토록 신랄하게 착한 사람들을 질타하다니? 입이 딱 벌어졌습니다.

"상대를 저렇게 최악으로 망친다면 그게 잘한 짓인가요? 상대를 망치고 세상을 탁하게 했기에 착한 사람은 나중에 반드시 피눈물을 흘리게 됩니다. 내 눈에 쏟아지는 피눈물은 남을 잘못되게 한 만큼입니다. 30살이 넘으면 사람은 모름지기 착하게가 아니라 바르게 살아야 합니다. 착함이 빛나는 나이는 7살까지입니다."

유교문화권에서 성장한 우리는 알게 모르게 '착하게 살자'에 동의하며 살아갑니다. 형편에 맞게 이웃돕기 성금도 내고 자원봉사에 나서기도 합니다. 또 그런 사람들을 보면 칭찬도 아끼지 않습니다.

하지만 이제는 명색이 초시대. 인공지능을 장착한 문명이 작동하는 시대입니다. 눈이 팽팽 돌아갈 정도로 문명이 급변하고 사람과 사물의 경계가 급속도로 무너지는 요즘도 과연 착하게 살아야 할까요? 불세출의 역사가인 한나라의 사마천은 이 문제에 대해 정곡을 찌르는 질문을 남겼습니다.

"악한 자가 천수를 다하고 영화를 누리는 반면 선한 자는 비명에 죽거나 가난에 찌들린다. 하늘이 과연 있는가, 하늘이 과연 있는가?"

유교적인 선악을 기준으로 인간을 판단하면 저런 의문이 생길 수밖에 없습니다. 기독교나 불교 등 종교의 잣대로 판단해도 사정은 비슷합니다. 우리가 살아가는 세상의 실제 모습은 도덕이나 종교의 가르침과는 달라도 너무 많이 다릅니다.

그렇다면 이제는 선악에 대한 냉철한 재점검이 필요합니다. 먼저 사업이 망해 끼니를 걱정하는 A가 친구인 B에게 돈을 좀 꾸어달라는 상황을 가정해 봅시다.

1. B가 A에게 돈을 주는 게 착한 일인가?
2. 돈을 받은 A는 악한 것인가?
3. 만약 그렇다면 B는 사후에 천당에 가고 A는 지옥에 떨어지는가?
4. 그게 맞다면 친구인 A를 지옥에 떨어뜨린 대가로 자신은 천국에 간 B가 과연 착하다고 할 수 있는가?

이 정도만 추론해도 우리가 막연히 생각했던 선악의 기준이 흔들리게 됩니다. 친구를 지옥행으로 만드는 행위를 선행이라고 하기엔 뭔가 석연치 않습니다. 그렇다면 상황을 조금 변경해 보면 어떨까요?

1. B가 돈을 꾸어달라는 A의 요청을 냉정하게 거절한다.
2. 격분한 A는 이를 악물고 돈벌이에 나선다. 노가다를 하고 투잡, 쓰리잡을 뛰면서 악착같이 돈을 모은다.

3. 3년간 그렇게 노력하자 끼니 걱정을 덜었고 10년 뒤에는 상당한 중산층으로 성장했다.

B의 냉정한 거절이 당장은 A를 격분시켰지만 결과적으로는 경제적 자립을 유도했습니다. 이 케이스에서 B의 행위는 착한 것일까요, 나쁜 것일까요? 만약 냉철한 인공지능이 재판관이라면 이 사건에 대해 어떤 판결을 내릴까요? 정법의 판결은 다음과 같았습니다.

"함부로 남을 돕는 게 상대의 자립을 가로막고 존엄성을 해칩니다. 사람은 누구나 홀로 서야만 합니다. 스스로 자신의 존엄성을 구현해야 합니다. 또 대자연은 모두에게 그렇게 할 수 있는 잠재력을 부여했습니다. 만에 하나 사정이 여의치 않은 사람들에 대해서는 국가나 사회가 나서 지원을 하는 게 맞습니다. 그래야만 그 도움이 제도를 통해 지속적으로 이뤄질 수 있습니다. 개인이 쓸데없이 남을 돕겠다고 나대는 건 객기입니다. 상대를 나쁜 사람으로 만드는 악행입니다. 그러고서도 선행을 했다고 착각한다면 피눈물이 날 수밖에 없습니다."

1-4

가족이 어렵게 하면 떠나라

인성 180도 바꾸기

가정은 행복의 원천이자 불행의 씨앗입니다. 가정에 극단적인 두 가능성이 양립하는 건 가정의 원초적인 속성 때문입니다. 우선 전생 최고의 원수들이 부자간의 인연으로 맺어집니다. 두 번째 원수들이 부부가 됩니다. 전생의 빚 고리를 풀도록 특수한 인연으로 묶어버린 것입니다. 원수들끼리 맨정신으로는 도저히 맺어질 수 없기에 자연이 트릭을 써서 눈에 콩깍지를 씌워버립니다. 그래서 연애가 이뤄지고 결혼을 하게 됩니다.

가정은 이렇게 출발부터 간단치 않습니다. 부자지간이나 부부관계는 혈육이나 인연일 뿐입니다. 가족이 아닙니다. 인연들이 서로 노력해 진심으로 하나가 됐을 때 비로소 가족이 됩니다. 정법은 전생의 원수들이 이승에서 만났지만 서로 노력해 가족이 되면 그 관계는 하늘도 갈라놓을 수 없을 정도로 탄탄해진다고 설명했습니다.

하지만 인생실전에서 우리는 혈육과 가족을 같은 의미로 받아들이고 있습니다. 학교나 사회에서도 혈육과 가족이 서로 다르다는 교육을 받은 적이 없습니다. 다들 숙명처럼 주어지는 것이 가족이고 그에 따른 희생은 감수할 수밖에 없다고 생각합니다. 그로 인해 고통받는 가정들을 주변에서도 쉽게 접할 수 있습니다. 한평생 끊임없이 싸우기만 하는 7순 부모의 수발을 드느라 심신이 지쳐버린 자식들도 있습니다. 속 썩이는 자식들 때문에 말년까지 고생하는 노부모들도 부지기수입니다. 하지만 가족이라는 이유로, 그놈의 정 때문에 모질 게 인연을 끊지 못합니다.

"가족이 너를 힘들게 하면 떠나라. 가차없이 떠나라. 미련 떨지 말고 떠나라."

가족 간의 불화에 대해 정법의 입장은 이토록 단호했습니다. 그래도 부모인데 자식 된 도리에 어떻게? 그렇게 주저하면 더더욱 단호해집니다.

"당신이 가정에 연연하기에 가족 간의 불화가 더 심해지는 것입니다. 당신을 떠나가게 하려고 생긴 불화인줄 왜 모릅니까? 당신이 떠나지 않으면 가족의 불화는 영원히 해결되지 않습니다."

물론 이런 패러다임은 친구나 동료관계 등에도 그대로 적용됩니다. 친구나 동료가 힘들게 하면 미련 없이 떠나라는 것입니다. 내가 떠나면 남은 사람들은 당장은 힘들겠지만 머지않아 다른 인연을 만나 새로운 삶을 꾸려가게 됩니다. 떠나온 나는 부지런히 자신의 실력을 가꾸고 힘을 키워야 합니다. 가족과 불화하고 친구와 갈라지는 건 다 내가 실력이 부족했기 때문입니다. 그렇기에 나중에 내가 힘을 갖추게 되면 지금의 나를 이토록 힘들게 했던 이 인연들이 얼마나 고마운 인연이었는지 절로 자각하게 됩니다. 또 그때는 그들에게 실제적인 보답도 할 수 있게 됩니다.

"부모님 때문에 걱정입니다, 이렇게 하소연하는 사람들은 실제로는 부모를 생각하는 척만 하는 것입니다. 설사 당사자가 진심으로 걱정했다고 하더라도 그 본질은 척에 불과합니다. 당신 일이나 잘하십시오."

이 법문을 처음 들었을 때는 머리를 망치로 맞은 것 같았습니다. 입이 딱 벌어졌습니다. 저걸 인정하면 반평생 옳다고 믿었던 가치관이 모두 무너지기 때문이었습니다. 유교적 분위기에서 성장한 우리는 혈육을 가족이라 믿어 의심치 않았습니다. 장남의 도리를 다해야 한다는 생각도 굳건했습니다. 그랬기에 진로나 직업 선택, 심지어 일상에서도 알게 모르게 이런 가치관의 지배를 받았습니다.

물론 그 결과는 별로 좋지 않았습니다. 지리적으로, 심리적으로 가까이 있을수록 가족 간에 갈등이나 서운함이 더 많아졌습니다. 문제도 더 자주 발생했습니다. 의타심도 당연히 더 강해졌습니다. 그렇다고 하더라도 어떻게 가족 간의 인연을 끊으라는 것인지.

정법의 색다른 점은 인성의 문제를 단지 특정인 하나에 국한해서 판단하는 게 아니라 그를 둘러싼 신들의 문제까지 종합적으로 점검한다는 것입니다. 뿌리민족인 한민족은 100% 신끼가 있다는 것이 정법의 전제입니다. 가족 갈등의 경우 표면적으로는 구성원들끼리 대립하는 것 같지만 그 배후에는 신끼가 작용하고 있다고 진단합니다. 구성원 개개인에 밀착된 수호신이나 조상서인 등이 서로 맞서면 신싸움이 벌어집니다. 이런 갈등을 인간의 힘만으로 풀려고 하면 서로 간에 진만 빠질 뿐 결과는 좋아지지 않는다는 것입니다.

이런 관점에서 판단하면 가족들과 나는 신싸움을 하고 있었습니다. 그렇기에 사사건건 충돌이 많았습니다. 제발 이 곳을 떠나 너의 인생을 살아라, 그걸 가르치기 위해 크고 작은 사고도 여러 번 터졌습니다. 하지만 그 당시에는 그런 의미를 전혀 포착하지 못했습니다.

1-5

마음이 약한 것은 질병이다

인성 180도 바꾸기

아파트 재건축을 하려면 기존의 아파트를 부숴야 합니다. 그래야만 더 쾌적하고 품격 있는 명품아파트를 세울 수 있습니다. 인성의 100일 공부도 이와 똑같습니다. 기존의 상식을 깨고 제거하는 게 선결과제입니다. 그 일차적인 철거대상은 각자의 내면에 견고하게 자리 잡은 상식입니다.

영국 드라마 '휴먼스'는 인공지능을 갖춘 남녀 로봇에 의해 가정이 단기간에 파탄이 나는 환타지를 다뤘습니다. 어떤 가정의 남편과 아이들은 빈틈없이 챙겨주는 여성 로봇에게 금방 반하게 됩니다. 설 자리를 잃어버린 아내는 망연자실한 표정을 짓습니다. 또 다른 가정의 아내는 따뜻하게 감싸주는 남성 로봇과 사랑에 빠집니다. 그래서 남편에게 헤어지자고 제안합니다. 격분한 남편은 로봇의 멱살을 잡고 흔들지만 아내는 도리어 로봇을 변호하며 남편에게 대듭니다.

만물의 영장인 인간이 왜 로봇에게 이토록 맥없이 당하는 것일까요? 마음이 허약했기 때문입니다. 잠시 좋았다가 금방 짜증내는 인간의 심성으론 한결같이 상냥한 로봇을 당해낼 재간이 없습니다.

'난 왜 이렇게 마음이 약할까?'

정도의 차이는 있겠지만 사람들은 수시로 이렇게 자신을 질책합니다. 그 강도가 심해지면 열등감이나 자학, 우울증으로 변질됩니다. 때로는 욱하고 폭발하기도 합니다. 그러면서도 사람들은 마음이 약한 건 일종의 천성이라 어쩔 수 없다고 체념하지 질병이라고는 생각하지 않습니다. 몸에 조금만 상처가 나면 서둘러 병원에 들러 치료를 받는 것과는 너무나 대조적입니다.

"마음이 약한 것은 질병입니다. 의지가 약한 것도 마찬가집니다. 그렇기에 적절한 치유를 하지 않으면 육신의 질병과 마찬가지로 부작용이 심각해집니다."

정법이 이렇게 설명해도 사람들은 일단 고개를 갸웃거립니다. 이런 무지 때문에 홧병이 질병으로 인정을 받는데 수백 년 이상 걸렸습니다. 우울증도 마찬가집니다. 개인적으론 17년간 마음공부를 하면서 몸의 질병보다 마음의 병이 훨씬 더 중하다는 걸 절감했습니다. 몸이 아프다고 해서 마음마저 쉽게 무너지진 않습니다. 하지만 마음이 병에 걸리면 몸은 덩달아 아프게 됩니다.

마음의 병을 고치는 과정은 이중적입니다. 어렵기도 하고 동시에 아주 간단하기도 합니다. 마음은 몸처럼 물질이 아니라 비물질이기 때문에 그렇습니다. 더 정확히 말하면 사람들의 영혼이 비물질이기 때문에 그렇습니다. KBS가 방영했던 다큐 '마음'에선 이런 원리를 실증적으로 입증했습니다.

밤늦은 시간 어두운 골목길을 걸어 집으로 가던 여성이 갑자기 공포심에 사로잡힙니다. 저벅 저벅, 남성의 묵직한 구둣발 소리가 자기를 따라오고 있는 걸 느꼈기 때문입니다. 혹시 치한? 그런 생각이 들자 피부에 소름이 돋고 머리카락이 쭈뼛합니다. 겁에 질린 여성은 집을 향해 후다닥 도망치듯 달려갑니다. 그러자 남자 구둣발 소리도 똑같이 달려서 따라옵니다. 여성의 공포감은 점점 더 고조됩니다. 그런 순간에 남성의 우악스런 손이 여성의 어깨를 확 낚아챕니다.

"으악-!"

여성은 비명을 지릅니다. 위기일발, 노상 성폭행 직전의 상황입니다. 하지만 바로 다음 순간 극적인 반전이 일어납니다.

"오빠?"

여성의 목소리 톤이 갑자기 낮아집니다.

"아이 뭐야? 놀랬잖아."

이번엔 목소리에 약간의 교태까지 묻어납니다. 소름은 당연히 없어지고 얼굴엔 홍조가 감돕니다. 그리곤 남편의 품으로 폭 안깁니다.

삽시간에 변하는 마음. 여기엔 놀라운 로직이 작동합니다. 마음은 납득을 하기만 하면 아주 빠른 시간 안에 극에서 극으로 변할 수 있다는 것입니다. 치한인가? 그렇게 의심한 순간 여성은 온몸이 얼어붙었습니다. 반면에 남편임을 확인한 순간 삽시간에 확 풀어졌습니다. 바로 이런 특성 때문에 사람에겐 인성교육이 가능해집니다. 홧병이 허상이다, 우울증이 착각이다, 그걸 납득만 시켜주면 사람의 마음은 단기간에 치유가 가능해집니다. 정법의 법문이 놀라운 치유효과를 발휘하는 까닭이 여기에 있습니다.

1-6

사주대로 살면 실패한 인생이다

사주팔자를 믿으십니까? 이렇게 물으면 십중팔구 애매모호하게 대답합니다. 그냥 참고만 합니다, 재미로 봅니다, 그 정도로 대답하며 얼렁뚱땅 넘어갑니다. 믿는다고 말하면 왠지 무시당할 것 같기 때문입니다.

하지만 인생실전에 들어가면 얘기가 많이 달라집니다. 공직에 출마하는 사람들은 가족을 몰래 보내서라도 자신의 운세를 확인합니다. 사업을 시작하는 경우도 마찬가집니다. 바닥으로 추락한 사람들도 언제쯤 운세가 풀릴지 궁금해 합니다. 이런 정서를 반영하듯 유튜브같은 첨단공간에도 사주팔자 채널이 넘쳐납니다. 대통령을 비롯한 저명인사들의 사주를 풀어놓고 자신의 지명도를 높이려 합니다. 이런 채널들은 조회수도 꽤 많습니다.

"사주대로 살면 실패한 인생입니다."

100일 공부 중에 이런 법문을 접했을 땐 정신이 번쩍 들었습니다. 정법은 그만큼 통렬하게 운명론에 쐐기를 박았습니다. 그럼 정법은 사주를 부정하는 건가요? 아니오. 정법도 사주를 인정합니다. 하지만 그 해석을 파격적으로 다르게 합니다.

사람은 세상에 태어날 때 전생의 성적표를 토대로 사주를 받아 태어납니다. 일종의 큰 밑그림을 받아서 나오는 것입니다. 작은 산, 큰 산, 다시 작은 산, 세 개의 산이 연속으로 이어져 그려진 형태입니다. 이 밑그림을 바탕에 깔고 사람은 자기 삶을 살아갑니다. 그럼 사주의 영향력은 어느 정도일까요? 정법은 30%에 불과하다고 설명합니다. 타고난 외모와 성격, 건강과 재능, 집안과 주변 환경 등이 여기에 해당됩니다. 하지만 사주는 딱 거기까지입니다. 인간의 몸을 받았으니 자기 인생을 살아라, 하늘은 사람에게 이런 자유를 주었습니다. 그렇기에 한 인간이 자유롭게 꾸려가는 인생항로에 대해선 하나님도 관여할 수 없습니다.

사람이 자신의 자유의지로, 각고의 노력을 통해 인생이란 이름의 화폭에 멋진 풍경화를 그리면 어떻게 될까요? 밑그림이 그 풍경화 속에 감춰져 흔적 없이 사라집니다. 밑그림보다 훨씬 더 빼어난 작품이 탄생합니다. 반면에 사주대로 살았다는 건 자신의 인생을 제대로 살지 않았다는 얘깁니다. 밑그림 한 장을 숙제로 받아 거의 그대로 답안지를 제출한 셈입니다. 미련하기 짝이 없는 짓입니다.

사주의 이런 원리와 한계를 알게 되자 마음이 홀가분해졌습니다. 믿는 것도 아니고 안 믿는 것도 아닌 어정쩡한 마인드가 교정이 됐습니다. 납득이 됐기에 더 이상은 사주팔자에 연연하지 않을 정도로 180도 변했습니다.

"혼신의 힘을 다해 자신을 불태우라."

정법은 이렇게 독려했습니다. 사주 같은 허접한 논리에 매몰되지 말고 자신의 삶을 살아가라는 가르침입니다.

"명창들은 목소리 하나를 뚫기 위해 폭포 아래서 목에서 피가 터질 정도로 연습을 합니다. 몸에서 피가 터질 정도로 노력을 해 봤습니까?"

사주를 논하는 대신 노력이나 치열하게 하라는 죽비입니다. 자유의지로 자신의 삶을 살아가라는 메시지였습니다. 100일 공부의 여정은 사주의 선입견을 넘어서면서 한 단계 더 성장했습니다.

1-7

신끼를 방치하면 인성이 무너진다

인성 180도 바꾸기

조울증 환자가 자신을 치료하던 정신과 전문의를 흉기로 찔러 숨지게 한 사건이 발생했습니다. 의료계는 물론 일반인들도 큰 충격을 받았습니다. 하지만 사건의 이면을 통찰한 사람은 아무도 없었습니다. 그저 의료인의 안전을 촉구하는 감성적인 외침들만 많았습니다.

'왜 이렇게 터무니없는 사건이 발생했을까?'

그 이면을 파고드니 단순한 조울증만의 문제가 아닌 것 같았습니다. 그 이상의 원인, 즉 현대 정신의학이 손도 못 대고 있는 신끼의 문제가 작용한 것 같았습니다. 정법은 역시 막힘이 없었습니다. 사람들이 피상적으로만 알고 있는 신끼의 작동원리와 해결방법을 명쾌하게 풀어주었습니다.

"빙의환자들은 제 정신이 아닙니다. 자신의 몸에 다른 탁기가 차고 들어와 행패를 부리고 있는 것입니다. 저런 환자들이 발광을 하면 1) 얼른 사탕을 건네주고, 2) 푸짐하게 칭찬해주는 게 일차적인 응급조치입니다. 탁기는 단 것을 좋아하고 칭찬에 아주 약한 존재라 그렇게만 하면 직방입니다."

어쨌든 신끼를 잘못 방치하면 자신은 물론 상대까지 해치게 됩니다. 인성 자체를 괴멸시키는 요인으로 작용합니다. 그렇기에 신끼에 대한 정확한 이해는 의료인은 물론 일반인들에게도 반드시 필요하다는 생각이 들었습니다.

"뿌리민족인 한민족은 100% 신끼가 있습니다. 다른 민족들과는 성향 자체가 다릅니다. 신끼가 나쁜 것만은 절대 아닙니다. 신끼가 없으면 지도자나 스타가 될 수 없습니다. 하지만 나쁘게 작용하는 신끼도 분명히 있습니다. 이런 기운을 잘 다스려 주어야만 당사자가 질곡에서 풀려나게 됩니다."

이 법문을 계기로 신에 대한 강의를 유튜브에서 집중적으로 들었습니다. 그러자 단편적으로만 알았던 차원계가 점점 더 체계적으로 이해가 됐습니다. 우선 나쁜 신끼는 한 맺힌 조상이나 떠돌이 잡신들의 탁한 기운이 달라붙는 것입니다. 그러면 신상에 안 좋은 일이 생기거나 사고 등을 당하게 됩니다. 이보다 더 나쁜 게 빙의현상입니다. 이건 아예 남의 몸에 차고 들어와 제 몸처럼 설치는 불량한 기운입니다. 이런 기운들이 설치면 인성이 당연히 망가집니다. 술을 마시면서 이웃 테이블에 시비를 걸고 난동을 부리는 작태 뒤에는 십중팔구 저런 탁기들이 붙어 장난을 쳤다고 보면 됩니다. 낯가림이 유난히 심한 사람도 마찬가집니다. 그런 성향의 탁기들이 붙어 작용을 한 것입니다.

정법은 그 원인을 다음과 같이 진단했습니다.

"사람이 우울하거나 외로운 감성에 자주 빠지면 저런 탁기들이 슬금슬금 다가옵니다. 주파수가 맞아졌기 때문입니다. 반대로 사람이 밝고 즐겁게 생활하면 저런 탁기들은 절대 범접을 못합니다. 사람의 몸은 절대적으로 그 주인이 자기 인생을 꾸려가는 도구이기 때문입니다."

신끼가 인간을 침범하는 게 아니라 인간의 태도가 신끼를 부른다는 설명이었습니다. 이것 역시 통상적인 상식과는 180도 달랐습니다. 그렇다면 이미 탁기에 침범당해 휘둘리는 사람들은 어떻게 해야 할까요? 방법은 간단합니다. 정법을 100일 정도만 제대로 공부하면 웬만한 탁기들은 정돈이 됩니다. 법문을 부지런히 들어 자기 영혼의 질량을 키우면 탁기들이 그 사람에게 계속 머물 수 없게 됩니다. 서로 간에 주파수가 달라졌기 때문입니다. MBC를 보다가 채널을 KBS로 돌리면 MBC의 프로그램은 흔적 없이 사라지는 것과 마찬가지 원리입니다.

세간에선 이런 문제를 푼답시고 비싼 돈을 들여 굿이나 퇴마, 천도제를 하는 경우도 있습니다. 하지만 그런 처방들은 임시방편에 불과합니다. 얼마쯤 지나면 증상이 다시 재발합니다. 그래서 굿을 한 사람이 또 굿을 하는 악순환에 빠지게 됩니다. 그러면 심신에 골병만 들고 가산까지 탕진하게 됩니다.

"저마다 자신의 힘으로 탁기를 다스릴 수 있어야 합니다. 신들에 얽힌 자신이나 집안의 문제들을 자기 힘으로 해결해야 합니다."

정법의 이 같은 가르침에는 왠지 신뢰가 갔습니다. 만물의 영장인 인간이 허접한 잡신들에게 휘둘리며 산다는 건 언어도단입니다. 인간은 탁기들의 간섭을 받지 않고 주체적으로 자기 삶을 살아야 빛나게 살 수 있습니다. 하늘은 그렇게 하라고 각자에게 저마다의 몸을 주었습니다.

Chapter

2

나를 망친 인성의 모순들

2-1

나를 망친 모순1 – 남 탓

인성 180도 바꾸기

100일 공부는 7할을 혼자서 합니다. 나머지 3할만 도반들이 함께 모여 합니다. 2주일에 한 번씩 법문장을 열어 질의응답을 하는 형식으로 진행됩니다.

동안거 입제에서 서약을 마친 이후에 집에서 혼자 유튜브 정법강의를 들으며 자신의 모순을 점검하기 시작했습니다. 당시에는 몰랐더라도 나중에 돌아보면 잘잘못이 선명하게 인지되는 게 인생사입니다. 100일 공부에 착수하자 이런 통찰이 평소보다 더 또렷하게 느껴지기 시작했습니다. 살면서 가장 잘못한 게 무엇인가? 짚어보니 무엇보다 먼저 남 탓이 떠올랐습니다. 그 대상은 선친이었습니다. 뭔가 일이 꼬이기만 하면 속으로는 선친 탓을 하며 그 잘못을 전가했던 게 치명적인 잘못이었습니다.

선친과 저는 성격적으로 잘 맞지 않았습니다. 그런 갈등이 오래 전 진학과정에서 충돌하고 말았습니다. 저는 육사에 더 마음이 끌렸고 선친은 법대를 선호했습니다. 시험에는 둘 다 붙었지만 망설이고 고민하다 결국 법대로 진학하고 말았습니다. 공부를 해보니 법학은 재미도 있었고 실용성도 높았습니다. 그런데도 내 인생을 내 뜻대로 살지 못했다는 반감이 생겼습니다. 그걸 계기로 뭔가 일이 꼬이기만 하면 선친 탓을 하며 피해자 코스프레를 하는 악습이 생겼습니다. 일부러 학업을 등한시하고 자신을 망쳐버리는 소심한 복수도 했습니다. 선친이 그렇게 한 건 당신의 욕심도 있었겠지만 자식이 잘 되기를 바라는 마음도 있었다는 걸 머리로는 알면서도 그런 짓을 했습니다.

100일 공부를 하면서 남 탓에 대한 법문이 많이 아프게 다가왔습니다. 선친은 작년 10월, 첫 100일 공부를 8월 하순에 마치고 3년 공부에 진입한 이후에 84세를 일기로 타계하셨습니다.

"다음 세상에는 부디 좋은 집안에 환생해 복되고 멋진 삶을 꾸려가십시오."

입관을 할 때 장례지도사의 요청을 받고 큰소리로 저렇게 축원을 올렸습니다. 하지만 뒤늦게 그런 축원을 해본들 무슨 소용이 있겠습니까. 때늦은 회한이 가슴을 아프게 쳤습니다. 모처럼의 인생을 남 탓으로 허비하는 건 미련한 짓입니다. 자신을 망치고 상대도 망치는 악행입니다. 최악의 자기모순은 첫째도 남 탓, 둘째도 남 탓, 셋째도 남 탓이란 걸 깊이 절감했습니다.

올무에 걸린 짐승은 벗어나려고 발버둥을 칩니다. 하지만 용을 쓰면 쓸수록 올무는 점점 더 단단하게 짐승을 조여갑니다. 남 탓을 하는 건 자신에게 올무를 채우는 것과 마찬가지입니다. 그런 상태에선 이리 뛰고 저리 뛰어본들 힘만 빠질 뿐 한 발짝도 나아갈 수 없습니다. 해법은 딱 하나, 가장 먼저 올무부터 벗겨내는 것입니다.

아내가 남편에게 맞았습니다. 분하고 억울해 남편을 욕하고 원망했습니다. 누가 잘못한 것일까요? 길 가던 남자가 깡패에게 걸려 무참하게 얻어 터졌습니다. 남자는 이를 갈면서 욕을 퍼부었습니다. 누가 잘못한 것일까요? 겉으로 드러난 모습만 보면 때린 남편이나 깡패가 잘못한 것 같습니다. 맞은 아내나 남자는 억울한 피해자 같습니다. 하지만 정법은 냉철하게 정반대의 진단을 내렸습니다.

"아내는 수시로 바가지를 긁어 남편의 마음을 불편하게 만들었습니다. 남자도 곳곳에서 거만을 떨고 남들을 무시했습니다. 그렇게 쌓여진 탁한 에너지의 압력이 폭발점에 이르면 눈 송이 하나만 닿아도 터져버립니다. 남편에게 맞고 깡패에게 당하는 순간이 바로 폭발지점입니다. 그때는 평소보다 별 것 아닌 언행 하나만으로도 폭발이 일어납니다."

이날 아내는 가볍게 입만 삐죽거렸고, 남자는 길가다 그냥 어깨만 툭 부딪힌 게 난폭한 폭행으로 이어집니다. 그렇기에 당사자 입장에선 억울하고 분한 마음이 배가됐을 수도 있습니다. 하지만 정법의 입장은 분명했습니다. 나에게 닥친 잘못은 단 한 치의 어긋남도 없이 내가 잘못했기 때문에 온다는 것입니다.

이걸 조금 더 깊이있게 성찰하자 남 탓의 뿌리는 두려움이라는 게 인지됐습니다. 자신을 망쳤던 다른 모순들도 예외 없이 두려움에서 파생된 것들이었습니다. 이름을 달리하고 형태가 틀려도 자신의 모순들은 결국 두려움의 다른 이름이었습니다. 그렇기에 자신을 망친 모순들을 하나, 하나 나누어 분석하는 건 본질적으로 두려움을 넘어서기 위한 시도였습니다.

2-2

나를 망친 모순2 – 고집

인성 180도 바꾸기

"그만 서울 본사로 올라가. 서울에서 공부도 많이 한 사람이 왜 자꾸 지역에만 있으려고 그래?"

KBS 재직시절 주변으로부터 종종 그런 얘기를 들었습니다. 그럴 때마다 고개를 저었습니다. 집안의 장남은 가족들의 중심이 돼야 한다는 생각에 지역근무를 고집했습니다. 나중에는 부모형제들도 직간접적으로 서울로 가라고 권유했습니다. 그 때도 역시 완곡하게 뿌리쳤습니다.

나중에 근무지를 서울로 옮긴 것도 어떤 사고를 계기로 자의 반 타의반으로 그랬을 뿐이었습니다. 하지만 막상 서울로 근무지를 옮기자 획기적으로 좋은 기회들이 주어졌습니다. 이사회나 사장실의 직속부서에서 근무하며 공사경영의 전반적인 흐름을 배울 수 있었습니다. 해외출장을 통해 견문도 더 넓힐 수 있었습니다. 일상에서 만나는 사람들도 그 내공들이 달랐습니다. 그제서야 뒤늦게 후회를 했습니다. 몇 년만 더 일찍 왔더라면 좋았을걸, 하지만 이미 엎질러진 물이었습니다. 자기만의 고집에 사로잡혀 스스로의 성장기회를 발로 걷어 찬 셈이었습니다.

한때 전 세계 폰시장을 석권했던 노키아는 고집을 부리다 망한 사례입니다. 노키아의 대표상품인 모토롤라는 아무도 넘볼 수 없는 아성이었습니다. 그런 기반 위에서 이 회사의 연구진이 차세대 상품으로 스마트폰을 개발했습니다. 전화기에 인터넷을 장착한 파격적인 컨셉으로 애플이나 삼성보다 5년 정도 더 빨랐습니다. 하지만 경영진은 이 제품의 상품화를 완강하게 반대했습니다. 이건 폰이 아니라 장난감이다는 논리였습니다.

하지만 애플과 삼성이 잇따라 스마트폰을 출시하면서 돌풍을 일으키자 노키아는 그 이름도 무색하게 단기간에 망하고 말았습니다. 노키아의 모국인 핀란드는 경제가 휘청했고 거리에는 실업자가 쏟아져 나왔습니다.

일본사극의 단골 메뉴인 추신구라도 고집이 빚은 비극적인 결말을 드라마틱하게 보여줍니다. 고지식한 아코번의 번주 아사노 나가노리는 왕실의 사신 접대역을 맡은 뒤 상사격인 키라가 노골적으로 뇌물을 요구하자 칼을 뽑아 그에게 상처를 입혔습니다. 쇼군은 소동에 대한 책임을 물어 즉각 할복처분을 내렸습니다.

한 성의 지도자가 그렇게 죽자 부하 사무라이 47명이 복수전에 나섰습니다. 1년간의 준비 끝에 키라의 저택을 습격해 그를 죽이고 자신들도 모두 할복처분을 받았습니다. 극적인 사연이 드라마 소재로는 딱 좋지만 인생실전의 관점에서 보면 어이없는 사연입니다.

"고집을 부리면 멸망합니다. 고집은 자기 생각에서 한 치도 더 높아질 수 없도록 가로막기 때문입니다."

정법은 100일 공부에서 이 점을 누누이 강조했습니다. 그런 강의를 듣고 또 들으면서 고집의 폐단을 점점 더 진하게 실감했습니다. 그렇다면 고집을 유연하게 꺾으면 어떻게 될까요? 극적인 반전이 일어납니다. 72세 나이에 유튜브 스타로 부상한 박막례 할머니가 그런 케이스입니다.

할머니는 친언니들이 줄줄이 치매에 걸리자 혹시나 싶어 검사를 받았습니다. 병원에선 치매 가능성이 있다는 결과가 나왔습니다. 할머니는 많이 우울했지만 호주로 추억여행을 가자는 손녀딸의 제안을 고집 부리지 않고 그대로 받아들였습니다. 직장에 사표를 내고 여행에 나선 손녀딸은 호주 여행지를 돌며 할머니의 모습을 부지런히 동영상으로 찍었습니다. 이런 염병할..가는 곳마다 욕을 아주 찰지게 하는 할머니의 모습이 동영상에 고스란히 담겼습니다. 손녀딸은 그걸 가족들과 공유하기 위해 유튜브에 올렸습니다. 이게 대박이 났습니다. 사람들은 거침없이 퍼붓는 할머니의 욕과 그 속에 감춰진 따뜻한 인간미에 열광했습니다.

기적은 여기에서 끝나지 않았습니다. 유튜브 여사장인 수잔이 직접 한국으로 찾아와 '코리아 그랜마' 막례 할머니와 함께 대담쇼를 했습니다. 손녀딸은 미쳤어, 미쳤어를 연발했습니다. 그러나 세상은 생각보다 더 미쳤습니다. 이번엔 구글 본사에서 할머니와 손녀딸을 초청하더니 구글 CEO 선다 피차이가 또 할머니를 별도로 면담했습니다. 구글 직원들조차 깜짝 놀란 서프라이즈 미팅이었습니다.

파출부, 노점상, 식당 아지매를 전전했던 막례 할머니는 고집 하나 순순히 꺾어 상상 그 이상의 기적을 이루었습니다. 이 사연은 국내 최대일간지의 사회면 톱기사로도 소개됐습니다.

통신용 전화기의 시대가 저물었는데도 아날로그 폰만을 고수한 게 노키아 경영진의 고집이었습니다. 전국시대는 이미 끝났는데도 무사도만 고수했던 게 아사노의 고집이었습니다. 결과는 모두 비극으로 끝났습니다.

"인생에서 실패한 사람들은 하나같이 고집이 강한 사람들입니다. 더 심하게 말하면 실력도 없는 주제에 똥고집만 강한 자들입니다."

인정하긴 싫었지만 저 역시 한 고집 한다는 얘기를 제법 들었습니다. 그렇기에 강의를 들으면서 얼굴이 화끈거릴 때가 적지 않았습니다. 그럴 때면 혼자 유튜브로 강의를 듣는 게 다행이라는 생각도 들었습니다. 아마 여러 명이 함께 공부를 했더라면 자존심 때문에 자신은 안 그런 척 위장을 했을 것만 같았습니다.

2-3

나를 망친 모순3 – 잘난 척

인성 180도 바꾸기

'나 이런 사람이야.^^~'

SNS 계정에는 오늘도 자랑질이 난무합니다. 내가 이렇게 많이 알고, 이만큼 많은 걸 가졌고, 이 정도로 잘 나간다는 걸 은근히 과시합니다.

'누가 물어봤어?'

보는 사람들은 속에서 그런 말이 꿈틀합니다. 그 사람에 대한 호의가 슬슬 식기 시작합니다. 잘난 척이 누적되면 어떻게 될까요? 두말할 필요도 없이 사람이 떠나갑니다. 에이 재수 없어, 그런 기분으로 떠난 사람은 두 번 다시 돌아오지 않습니다. 그렇게 하나, 둘 떠나면 나중에는 혼자만 남아 혼밥에 혼술이나 해야 합니다.

“인간관계가 너무 피곤해요. 차라리 혼자가 더 편해요.”

혼족들은 이런 해명을 많이 합니다. 하지만 절반만 맞을 뿐입니다. 서로 잘났다고 나대는 인간들끼리는 만나봤자 피곤한 게 맞습니다. 하지만 서로 말이 통하는 사람과 함께하면 외톨이 생활과는 비교가 안될 정도로 즐겁고 뿌듯합니다.

“당신이 지금 외롭다면 잘난 척한 것입니다. 잘난 척 했기에 주변에서 사람들이 떠났습니다. 떠날 때는 다들 말없이 떠납니다. 당신이 아무말 하지 않고 그냥 있었다면 당신 주위에선 절대 사람이 떠나지 않습니다.”

정법은 외톨이가 된 이유를 이렇게 설명합니다. 사람이 떠났다는 건 모든 것이 떠났다는 얘깁니다. 돈이 떠났고, 기회가 떠났고, 성공이 떠났고, 행복이 떠났습니다.

잘난 척하는 사람들은 대부분 공통점이 있습니다. 자신은 잘난 척하지 않는다고 부인하는 것입니다. 이런 성향은 다른 결점에서도 똑같이 나타납니다. 고집 센 사람은 자신이 고집이 안세다고 강변합니다. 아둔한 사람은 자신이 아둔하지 않다고 반박합니다.

하지만 당신 주위에 사람이 남아 있는가? 이런 잣대를 들이대면 그런 방어막이 맥없이 무너집니다. 많지는 않지만 조금은 남아 있는데? 이런 반박도 해보지만 왠지 자신이 없습니다. 남아 있는 사람들도 내가 좋아서가 아니라 그들의 성격이 무난해서 그런 것 같습니다.

잘난 척이 빚어낸 참사는 역사적으로도 숱하게 많지만, 일본 전국시대 무장 아케치 미쓰히데의 사례는 극적일 정도로 처참합니다. 그는 무장으로선 보기 드물게 학식이 깊고 예절도 밝았습니다. 하지만 성격이 불같은 그의 주군 오다 노부나가 앞에서 잘난 척을 자주 하다 나락으로 추락하고 말았습니다.

노부나가는 회의를 하다가 벌떡 일어나 그를 발로 차버리거나 멱살을 잡고 마루 아래로 던져버릴 정도로 그를 싫어했습니다. 동맹인 도쿠가와를 주빈으로 초청한 연회에선 그에게 접대역을 맡겼다가 손님들이 다 지켜보는 면전에서 접시를 던져버리기도 했습니다.

이런 갈등은 당연히 비극으로 막을 내렸습니다. 치욕감을 참지 못한 미쓰히데는 주군 노부나가가 약간의 수하들만 거느리고 혼노지라는 절에 투숙했을 때 야습을 감행해 그를 죽여버렸습니다. 하지만 복수전에는 성공했지만 그에게 동참하는 다이묘가 단 한명도 없었습니다. 후속 전투에서 패하고 산길을 도주하던 그는 산적의 창에 찔려 허망하게 생을 마감합니다.

주변에서 사람이 떠나면 심할 경우 이렇게 목숨까지 잃어버립니다. 사람을 놓치고 목숨조차 잃게 한다면 학식과 총명은 자랑이 아니라 도리어 재앙입니다. 그럼에도 불구하고 사람들은 왜 걸핏하면 잘난 척을 하는 것일까요? 정법은 이렇게 풀어주었습니다.

"잘난 척을 하는 건 그 사람이 잘났기 때문입니다. 못난 사람은 절대 잘난 척을 하지 않습니다. 오직 잘난 사람만이 잘난 척을 합니다."

그렇다면 왜 미쓰히데 같은 비극이? 이유는 간단합니다. 잘났지만 실력이 부족했던 것입니다. 잘나긴 했지만 인간적인 질량이 부족했기에 그에 상응한 결과를 만들지 못했습니다. 잘난 게 아니라 잘난 척에 그치고 말았습니다. 만약에 잘난 사람이 잘난 결과를 만들어 내면 사람들은 그를 떠나기는커녕 도리어 존경을 보냈을 것입니다.

"잘난 척하는 건 내가 못났다는 걸 온 세상에 알리는 것입니다."

정법의 진단은 이 정도로 매서웠습니다. 자신의 질량을 갖추기 전에는 절대 잘난 척을 하지 말라고 엄중하게 경고했습니다.

"사람을 만나면 먼저 그의 말을 듣고 또 들으십시오. 대답은 오직 상대가 물었을 때만 하십시오. 내가 혼자서 잘난 척 떠벌이면 내 패만 다 보여주면서 상대의 장단점을 전혀 파악하지 못하게 될 것입니다. 그러니 듣는 사람이 언제나 이기게 됩니다."

강의를 들으면 지난날의 그 많은 잘난 척들이 쓰라리게 반추됐습니다. 내공도 신통치 않은 주제에 무슨 잘난 척을 그렇게나 많이 했던지. 인생 실전에서 수시로 꺾인 것은 십중팔구는 다 잘난 척 때문이었습니다.

2-4

나를 망친 모순4 – 미움

인성 180도 바꾸기

정법이 풀어주는 인성공부는 인체해부학 같았습니다. 내면의 인성을 다루었지만 인체를 해부해 장기의 모양과 속성들을 직접 보여주는 것과 비슷한 방식입니다. 그렇기에 강의를 들으면 쉽게 납득이 됐습니다. 납득이 되자 흥미도 배가됐습니다. 처음에는 하루에 10분짜리 강의 3개 정도를 들었지만 자발적으로 10개, 20개, 30개로 늘어났습니다. 강의 내용이 귀에 쏙쏙 들어왔습니다. 나중에는 잠자리에 들면서도 아예 노트북에 강의를 틀어놓고 잤습니다.

미움에 대한 강의도 흡인력이 있었습니다. 학교나 일반강좌에선 듣지 못했던 내용들이었습니다. 그렇기에 강의를 들으면서 자신의 내면에 또아리를 틀고 있는 미움에 대해 스스로 해부작업도

해봤습니다.

돌아보니 가는 곳마다 미운 인간이 한둘은 꼭 있었습니다. 어떤 때는 집단으로 등장하기도 했습니다. 당시엔 자신의 정당함을 믿어 의심치 않았기에 그들과 자주 충돌했습니다. 버거운 상대에겐 말조차 건네지 않는 무시로 대응했습니다. 그것 이외에는 달리 방법이 없는 줄 알았습니다. 당연한 결과지만 인생사도 적지 않게 꼬였습니다. 잘 나가다가 하루아침에 나락으로 떨어지기도 했습니다.

조선의 영조는 아들인 사도세자를 특히 미워했습니다. 궁중 사람들에게 아들의 험담을 늘어놓고, 이지메 그 이상으로 아들을 괴롭혔습니다. 견디다 못한 아들은 정신이 이상해졌습니다. 미친 듯이 고함을 지르거나 칼을 뽑아 내시와 여종, 심지어 애첩까지 베어 죽였습니다. 영조는 마침내 아들을 뒤주에 가두어 죽여버립니다. 미움이 잉태한 비극이었습니다.

정법에선 전생의 첫 번째 원수가 이승에서 부자지간의 인연으로 맺어진다고 합니다. 가장 가까운 관계로 함께 살면서 서로의 빚고리를 풀라는 섭리입니다. 그런 관점에서 판단하면 영조는 업장소멸의 기회를 아주 망쳐버렸습니다.

'사람은 왜 미운 감정이 생기는 것일까?'

미움의 감정이 강했기에 수시로 이런 의문이 떠올랐습니다. 하지만 그 답을 주는 사람은 없었습니다. 마음공부의 구루들도 그저 놓아 버리라고 가르치는 게 전부였습니다. 하지만 정법은 그 이유부터 쉽게 풀어주었습니다.

"다른 사람을 내 뜻대로 조종하고 싶은데 그렇게 따라주지 않으니 미운 감정이 생겨납니다. 대자연은 모든 사람에게 똑같은 자유를 주었습니다. 특정인에게만 그렇게 하지 않았습니다. 내게 자유가 있다면 다른 사람 또한 자유가 있습니다. 다른 사람이 내 뜻에 따르라는 법은 없습니다."

그럼에도 불구하고 인생 실전에서 우리는 수시로 그 사실을 망각합니다. 내가 돋보이고 싶은데 어떤 인간이 톡 나타나 깐죽거리면 그만 감정이 폭발합니다. 주변에 그를 나쁘게 매도합니다. 그러면 상황은 점점 더 악화됩니다.

"누군가를 미워하면 미워하는 사람이 더 고통스럽습니다. 미워하는 사람이 70%, 미움을 받는 사람이 30%의 고통을 받게 됩니다. 그렇기에 미워하는 사람이 먼저 주도적으로 나서야만 풀리게 됩니다."

정법은 미워하는 두 사람 사이에도 3대7의 자연법칙이 어김없이 작용한다고 설명합니다. 상대가 30%, 미워하는 내가 70%의 비율로 잘못을 범했다는 것입니다. 상대가 전혀 잘못이 없다면 나와는 인연으로 엮이지 않습니다. 이런 미움의 고리를 풀지 않으면 다른 일들도 절대 풀리지 않습니다.

그렇다면 미운 인간은 왜 내 앞에 등장하는 것일까요? 사랑하기에도 짧은 게 인생인데 왜 저런 인간들이 나타나 속을 뒤집는 것일까요? 내게 다가올 위험을 미리 경고하기 위해 그들이 왔다는 게 정법의 해석입니다. 나의 성격적 약점, 질량의 부족을 시급하게 보완하지 않으면 머지않아 더 큰 곤경에 처한다는 걸 그들이 일깨워주는 것입니다.

사람이 미워지면 무엇보다 먼저 자기 일을 빨리 찾아 거기에 매진하는 게 상책입니다. 내 할 일이 없으니 쓸데없이 남을 미워하게 되는 것입니다. 반면에 미운 상대에게 눈길조차 주지 않고 내 일에 매진하면 미운 감정이 서서히 희석됩니다. 강도 7의 미움이 30%가 줄어 강도 4정도로 약해집니다. 그러면 미워했던 상대가 내 눈치를 보거나 먼저 슬금슬금 다가오기 시작합니다. 그와 나는 인연으로 연결됐기에 대화를 통해 서로 간에 영혼의 에너지를 보충하지 않으면 각자의 영혼이 다 시들어버리기 때문입니다.

분위기가 이렇게 반전됐을 때 적절한 시점을 잡아 내가 먼저 사과하면 상대도 허겁지겁 자기 잘못을 인정하게 됩니다. "아니, 아니. 내가 잘못했어." 그러면 서로간의 악감정은 씻은 듯이 사라집니다. 마음도 홀가분하고 개운해집니다.

미움을 표출하는 방법도 사람마다 다릅니다. 공격적으로 상대에게 대드는 사람이 있는가 하면 너무나 소심하고 마음이 약해 속으로만 끙끙하며 홧병을 키우는 사람도 있습니다.

"어릴 때부터 극소심해서 사람하고 말을 나누지 못했습니다. 낯가림이 심해 사람 얼굴도 제대로 쳐다볼 수 없었습니다. 이런 저도 좋아질 수 있을까요?"

어떤 여성이 이렇게 물었습니다. 정법은 걱정하지 말라고 다독였습니다. 말에는 에너지가 있다, 정법의 법문에는 아주 강한 에너지가 담겨있다, 그렇기에 정법강의를 꾸준히 들으면 자기 영혼의 질량이 높아져 소심증이 사라진다고 설명했습니다.

실제로 해보니 과연 그랬습니다. 100일 공부를 마치자 낯가림이나 소심증이 현저하게 약화됐습니다. 왠지 뱃심이 두둑해진 것 같았습니다. 별로 겁이 나지 않았습니다. 정법은 우스개 삼아 1년 정도 공부를 하면 겁나는 게 없어지고 3년 공부를 마치면 간이 배밖에 난다고 풀어주기도 했습니다. 그 강의를 들으며 혼자 많이 웃었습니다.

2-5

나를 망친 모순5 – 질투

아내가 자신의 부관과 간통을 했다는 모략에 넘어간 장군 오델로. 질투심에 사로잡혀 자초지종을 확인조차 하지 않은 채 정숙하고 사랑스러운 아내 데스데모나를 목졸라 살해합니다. 셰익스피어의 4대 비극중의 하나입니다.

오델로 : 자빠졌어, 더러운 년!
데스데모나 : 내일까지 기다려 주세요. 오늘밤은 살려주세요.
오델로 : 대들면..
데스데모나 : 반 시간만이라도…
오델로 : 이렇게 된 이상엔 기다릴 수 없지.
데스데모나 : 한 마디 기도 올릴 동안만이라도요.
오델로 : 이미 늦었어. (아내의 목을 조른다)

여자의 전유물로 알려진 질투가 남자에게도 격하게 작용한다는 걸 셰익스피어는 예리하게 통찰했습니다. 남자에게도 질투가 있나요? 어떤 여성은 궁금하다는 듯 묻기도 했습니다. 남자의 입장에서 대답하자면 당연히 있습니다. 어쩌면 여자보다 더 격한 질투일지도 모릅니다. 다만 남자가 질투한다고 하면 남보기에 부끄러우니 정의감이니 뭐니 다른 것으로 위장해서 표출한다는 차이는 있습니다.

"질투에는 휴일이 없다."

경험주의 철학자 프란시스 베이컨은 질투의 속성을 이렇게 정의했습니다. 러시아의 문호 도스토예프스키도 "감정은 절대적인 것이다. 그중에서도 질투는 절대적인 감정이다."고 말했습니다. 질투심은 그만큼 간단치 않은 모순입니다.

1인 시대로 접어든 요즘은 질투심이 신경정신과의 치료를 받아야 하는 질병 수준으로 악화됐습니다. 언론에서도 이런 현상을 비중있게 다루기 시작했습니다. 언론에 소개된 질투심은 칼부림이 오가는 난폭한 특성은 덜하지만 평범한 다수의 일상을 곰팡이처럼 좀먹는 형태로 진행되고 있습니다. 회사원인 A씨는 상사가 특정 동료만을 칭찬하고 편애하자 질투심을 견디다 못해 정신과 치료를 받게 됐습니다. 부서원들의 충성경쟁을 유도하는 상사의 농간이라는 걸 알면서도 헤어나지 못하고 허우적대는 자신을 혼자서는 도저히 다스릴 수 없었습니다. B씨는 그런 질투심을 이기지 못해 은밀하게 상사의 비위 사실을 조사한 뒤 감사실에 투서를 넣어 상사가 징계를 받도록 만들었습니다.

정법은 질투심의 원인을 이렇게 진단했습니다.

"사람이 기운은 크지만 질량이 부족할 때 질투심이 일어나게 됩니다. 나도 저 사람처럼 출세하고 싶은 욕망이 있다면, 사랑받거나 인정받고 싶은 욕심이 있다면 일단 그 정도의 기운을 타고난 것입니다. 하지만 실제로 그렇게 되려면 자신의 질량을 갖추는 게 필수적입니다. 그런 질량을 갖추지 않았을 때 욕망과 질량 사이에 갭이 생깁니다. 바로 이 갭 때문에 질투심이 작동하는 것입니다."

한편 남들의 시기를 받는 사람도 상황이 간단치는 않습니다. 자신은 상대를 질투하지 않는데 상대가 나를 시기한다면, 그것도 주변의 다수가 그렇게 한다면 대략난감입니다. 대놓고 말하기도 곤란하지만 그대로 방치만 하면 언젠가는 화를 당하게 될 것입니다.

송나라 최고의 충신 악비 장군의 억울한 죽음은 애절합니다. 문약했던 송왕조를 침공했던 금나라에 맞서 혁혁한 전공을 세웠지만 역모로 몰려 목숨을 잃었습니다. 죄명은 막수유, 즉 '역모를 도모했을지도 모른다'는 황당한 억측 하나뿐이었습니다. 문무를 겸비했던 장군이 왜 이토록 어이없는 죽음을 당했을까요? 여러

가지 추정이 가능하겠지만 하나 확실한 건 그가 시기의 화살을 피하지 못했다는 것입니다.

그를 모함해 죽인 간신 진회는 백성들의 존경을 한 몸에 받는 그를 시기했습니다. 어쩌면 황제조차 그랬을지도 모릅니다. 풍전등화에 몰린 나라를 지켜낸 전공은 시기의 독이빨 앞에선 별로 쓸모가 없었습니다.

"그 어떤 일도 혼자서 이뤄지는 건 없습니다. 미약하더라도 다른 사람의 힘이 보태졌습니다. 그걸 혼자서 다한 것처럼 나대면 반드시 시기를 받게 됩니다."

정법은 시기의 대상이 되는 이유를 이렇게 설명합니다. 강직했던 악비 장군이 설마하니 전공을 뽐내며 나대지는 않았을 겁니다. 하지만 일신의 영화만을 탐했던 모리배 재상 진회에게 유연하게 대하지도 않았을 것입니다. 악비 입장에선 불의에 타협하지 않는 기개였겠지만 진회의 눈에는 십중팔구 건방진 인간으로 비춰졌을 겁니다.

상식처럼 굳어진 각자의 가치관을 깨는 건 이토록 어렵습니다. 그걸 하려면 그야말로 파격적인 법이 필요합니다. 안타깝지만 악비 장군이 살았던 선천에는 그만한 법이 나오지 않았습니다. 하지만 정법도 나온 이제는 더 이상 저런 희생자가 나와서는 안됩니다. 저렇게 비명횡사하면 천추의 한을 남기게 됩니다.

"혼자 잘났다고 나대지 마라."

이것이 상대의 시기심을 막는 철칙입니다. 사람에게 겸손하게 처신하고 공을 남에게 돌리면서 부지런히 실력을 갖추어 나가면, 간신들에게 허술하게 당하지 않습니다.

시기, 질투는 분명히 만만치 않은 숙제입니다. 누군가를 질투한다고 대놓고 말하기도 어려운 남자들이 더 괴로울 것입니다. 누군가에게 질투를 받는 사람 역시 힘들 것입니다. 하지만 생각만 바꾸면, 관점만 달리하면 제압이 충분히 가능한 게 시기, 질투이기도 합니다. 그런 덫에서 벗어나면 자신이 질투했던 그 상대보다 더 큰 성취를 거둘 수 있고, 자신을 시기했던 사람들도 중립 정도로 바꿀 수 있을 겁니다.

2-6

나를 망친 모순6 – 불평불만

인성 180도 바꾸기

허드렛일이 떨어지면 별로 기분이 좋지 않았습니다. 왠지 무시당한다는 느낌도 듭니다. 하지만 100일 공부를 하면서 허드렛일에 대한 컨셉이 달라졌습니다. 그걸 통해 이어지는 사람과 사람 사이의 에너지 교류에 눈을 뜨게 됐습니다.

"지금 성차별 하시는 거예요?"

사장이 커피 한잔을 타오라고 하자 비서실의 미스 김은 톡 쏘아붙입니다. 당차고 똑똑한 여성입니다. 머쓱해진 사장은 어, 미안 그러면서 물러섭니다.

"아니, 내가 서류나 복사하려고 대학원까지 공부했는 줄 아십니까?"

기획실의 미스터 리도 부장에게 은근히 불만을 토로합니다.

'비중 있는 프로젝트 좀 맡겨줘. 그러면 뭔가를 보여줄 테니까.'
속으론 이렇게 투덜댑니다.

뇌과학자들은 불평불만의 부작용이 생각보다 더 심각하다고 경고합니다. 불만을 터트리면 당장은 시원한 것 같지만 1) 뇌건강을 악화시키고, 2) 주변 사람들을 기분 나쁘게 만들며, 3) 자신의 면역력을 약화시켜 고혈압과 당뇨 등 난치성 질병에 취약하게 된다고 경고합니다. 이들의 실험 결과를 보면 불평, 불만을 늘어놓을 때 스트레스 호르몬인 코르티솔이 평소보다 2배 정도나 높게 검출됐습니다. 코르티솔이 과다하게 나오면 자신의 면역력이 뚝 떨어집니다.

불평, 불만은 또 한 번 발병하면 습관적으로 반복되는 특성이 있습니다. 반복이 되면 될수록 코르티솔의 배출량도 급증해 인체의 사령부인 뇌건강마저 해치게 됩니다. 커피 심부름이나 복사같은 일종의 허드렛일을 시키면 반응은 대략 3가지로 나눠집니다.

1. 내가 그렇게 우습게 보여?
2. 꼽지만 계급이 깡패라 한다.
3. 옙! 기분좋게 처리한다.

우리는 몇 번에 해당될까요? 유념할 점은 커피 한잔, 복사 한 장에도 예외 없이 에너지의 법칙이 작용한다는 것입니다. 에너지는 강한 쪽에서 약한 쪽으로 흐릅니다. 또 강한 에너지를 흡수해야만 약한 에너지도 질량이 커질 수 있습니다. 사장에게 커피를 갖다 주면 가장 근접한 거리에서 사장과 접하게 됩니다. 에너지가 직접적으로 전달되는 거리입니다.

"고마워."

사장이 따뜻한 인사까지 건네주면 에너지는 두 배, 세 배 급상승합니다. 이런 나날들이 반복되면 말단의 미스 김은 사장의 그릇으로 남들보다 더 빠르게 성장합니다.

"내가 커피 심부름이나 하려고?"

"내가 복사나 하려고?"

이런 반응을 하는 건 자신이 보잘 것 없다는 걸 동네방네 광고하는 셈입니다. 그러면 세상은 정확하게 그렇게 취급해 줍니다. 커피 한잔, 복사 하나 제대로 못하는 인간에게 중책을 맡길 상사는 없습니다. 그런 바보라면 그 자리에 올라가지도 못했습니다.

반평생을 살면서 자신은 적어도 불평불만은 그렇게 많이 안 했다고 생각했습니다. 하지만 정법을 공부하면서 성찰하니 불평불만이 결코 적지 않았습니다. 특히 결정적인 순간에 불평불만을 했던 미련한 작태들이 선명하게 기억에 떠올라 많이 민망했습니다.

그럼 불평불만을 하면 안 되나요? 아니오, 해도 됩니다. 당신은 그럴 권리가 있습니다. 누가 말리겠습니까. 다만 그 결과도 자신이 감수해야 합니다.

"커피 한잔 타드릴까요?"

"이거 복사 해드릴까요?"

세상에는 아마 이렇게 선수를 치는 사람도 있을 겁니다. 상급자의 좋은 에너지, 주변의 우호적인 기운은 그런 사람들이 차지하게 됩니다.

정법의 교육방법론은 철저하게 자율성을 중시하는 것입니다. 원칙적으로 혼자 공부하도록 하되 몰라서 물었을 때는 최대한 가감 없이 설명을 해주는 방식을 취하고 있습니다. 묻지 않으면 정법이 먼저 나서 설명해주지는 않습니다. 그렇게 하는 것은 잘난 척이라고 보기 때문입니다. 또 설명을 해준 뒤에도 선택 여부는 상대가 결정하도록 맡깁니다. 불평불만에 대해 물으면 그게 아주 해롭다는 걸 풀어주지만 불평불만을 하지 말라고 강요하진 않습니다. 각자가 스스로 결정하라는 것입니다. 다만 강의를 듣고서도 불평불만을 계속한다면 그에 따른 부작용 역시 자신이 감당해야 한다는 점만은 분명하게 주지시킵니다.

2-7

모순들이 찍은 낙인, 구설수

인성 180도 바꾸기

100일 공부를 하면 저절로 자신의 지난 삶을 돌아보게 됩니다. 지난 사연을 정법에 대입해 잘잘못을 점검하게 됩니다. 1막의 직장이었던 방송사에선 유독 구설수가 많았습니다. '말공장'이란 표현에 걸맞게 서너 명이 앉기만 하면 없는 사람을 도마에 올려놓고 잘근잘근 씹었습니다. 그러다보니 서로 돌아가며 구설수의 타깃이 되곤 했습니다.

"왜 나만 갖고 그래?"

구설수에 오르면 대부분 저런 반응을 보입니다. 난 열심히 내 일을 하고 있는데 도대체 왜 저래? 상대를 탓하면서 자신을 방어하는 것도 인지상정입니다. 하지만 이런 식으로만 대응하면 나중에는 걷잡을 수 없을 정도로 상황이 악화됩니다.

구설수는 대자연의 작용입니다. 정확한 법칙에 따라 오차 없이 일어나고 소멸합니다. 만약 자신의 질량이 100인데 30이하의 역할을 하고 있을 때는 구설수가 일어나지 않습니다. 그러나 30을 넘어서면 구설수가 일어납니다. 30에서 70에 이르기까지 사람은 대략 3번의 구설수를 겪게 됩니다.

첫 번째 구설수는 아주 약하게 옵니다. 이때 어떻게 대응하느냐에 따라 구설수의 판도가 달라집니다. 잘 처리하면 두 번 다시 구설을 당하지 않지만 잘못하면 구설수에 시달리다 스스로 목숨까지 끊게 될 수도 있습니다. 구설이 오는 이유는 무엇보다 자신의 잘못 때문입니다. 자신의 역할이 30을 넘어서면 습관이나 태도 역시 그에 맞게 상승해야 하건만 이전처럼 해버린 것입니다. 그 잘못을 일차적으로 지적해주는 게 첫 번째 구설입니다. 아차, 이 지점에서 자신의 잘못을 반성하고 모순을 고친 사람에겐 두 번 다시 구설이 오지 않습니다. 물론 첫 번째 구설은 1차 경고이기에 그냥 내버려두어도 시간이 지나면 저절로 없어집니다. 반면에 구설을 해명하겠다고 설치면 걷잡을 수 없이 번져 자신의 이미지가 크게 나빠집니다.

1차 구설을 당하고도 반성이나 개선 없이 넘어갔다면 얼마 뒤에 다시 2차 구설이 옵니다. 그때는 강도가 1차 때보다 더 강합니다. 그걸 다시 그대로 넘겼다면 3차 구설이 옵니다. 3차 구설은 엄청나게 강도가 셉니다. 악플에 시달린 연예인들이 자살까지 하는 건 3차 구설에 걸렸기 때문입니다.

걸그룹 출신의 아이돌 K양이 극단적인 선택을 시도했다가 다행히 매니저에 의해 구조된 사건이 있었습니다. 그녀는 애인과 벌였던 폭행 사건 때문에 악플에 많이 시달렸습니다. 악성 팬들은 심지어 안검하수 치료차 받은 쌍꺼풀 수술에 대해서도 거친 언사로 비난했습니다. 그런 사정이 있었기에 그녀가 인스타그램에 '안녕'이란 짧은 인사를 올리자 매니저는 신속하게 움직였습니다. 전화를 해도 받지 않자 바로 그녀의 집을 찾아가 가스에 중독돼 의식을 잃고 쓰러진 그녀를 구할 수 있었습니다. 언론에선 악플에 시달린 K양이 우울증을 앓았다는 기사를 내보냈습니다.

하지만 K양과는 달리 신속한 구조를 받지 못하고 극단적인 선택으로 끝난 스타들도 한둘이 아닙니다. 만인의 사랑과 갈채를 받았던 전성기와 비교하면 너무나 허망한 엔딩입니다.

"구설을 유발하는 자는 왜 생겨날까요? 내가 구설에 당할 조건을 만드니 그런 자가 자동적으로 생겨나는 것입니다. 씹는 자와 씹히는 자는 한 쌍입니다. 폭행이나 사기, 살인같은 범죄도 원리는 다 똑같습니다. 내가 사기 당할 짓을 하니까 사기꾼이 나오는 것입니다. 피해자와 가해자는 한 쌍으로 짝을 이루고 있습니다."

정법은 구설수의 원리를 이렇게 설명했습니다. 결국 공부는 양쪽이 다 해야 한다는 얘깁니다. 피해자는 자신의 모순을 성찰해 그걸 고쳐야 합니다. 또 가해자에 대해서도 존중하는 태도를 가져야 합니다. 저 사람이 저러는 것도 다 이유가 있겠지, 최소한 그런 자세로 접근을 해야만 그 사람의 진면목이 보이기 시작합니다. 반면에 욕을 하면서 미워하기만 하면 자신은 점점 더 수렁에 빠지게 됩니다.

가해자도 당연히 공부를 해야 합니다. 자신이 어쩌다 이런 지저분한 역할을 맡게 됐는지를 냉철하게 성찰해야 합니다. 자기가 영향력이 있는 것으로 착각해 우쭐한다면 언젠가는 응징을 당하게 됩니다. 구설수 유발자는 절대 인생이 잘 풀리지 않습니다.

돌아보니 방송사라는 공간에서 피해자와 가해자 역할을 오락가락하며 1막의 긴 세월을 허비했습니다. 구설이 왜 일어나는지, 그걸 어떻게 풀어야 하는지를 제대로 알지 못했기에 값비싼 대가를 치르고 말았습니다.

Chapter

3

시험지, 좌절 그리고 성찰

3-1

감정의 뇌관을 톡 치는 사람

100일 공부를 하면서 처음으로 교정을 시도했던 자기모순은 분노였습니다. 평생 시달렸던 감정이기에 고치고 싶은 욕구도 강했습니다. 나중에 돌아보니 이건 무리한 욕심이었습니다. 그랬기에 그 결과는 좋을 수가 없었습니다. 화를 참고 분노를 제어하려고 하면 할수록 분노의 감정이 더 세게 분출했습니다. 부끄러울 정도로 감정이 폭발했던 사건들도 불쑥불쑥 기억이 떠올랐습니다.

어느 겨울의 송년 시즌. 모교 앞 닭발집에서 일행들과 일 잔을 하다가 사단이 터졌습니다. 건너편 테이블에서 혼자 술을 마시던 50대가 우리 테이블로 오더니 돌아가며 시비를 걸었습니다. 취해서 그러려니 하고 일행들은 다들 웃으며 그 주사를 받아

주었습니다.

"똑바로 해 임마."

그가 갑자기 제게로 방향을 돌려 저렇게 말하더니 손바닥으로 머리를 세게 내리쳤습니다. 그리곤 유유히 걸어서 닭발집 문을 열고 나갔습니다.

"너 거기 서."

느닷없는 봉변에 잠시 멍했다가 후다닥 그를 쫓아 밖으로 나갔습니다. 차가운 겨울비가 부슬부슬 내리고 있었습니다.

"니가 내 머리를 쳤겠다? 이유를 설명해."

그는 도리어 아니꼽다는 투로 째려봤습니다. 취기가 있는 상태에서 그걸 보니 욱하는 감정이 올라 그의 얼굴에 주먹을 날렸습니다. 약간 경사진 지형이었기에 그는 바로 자빠지더니 밑으로 한 바퀴 굴렀습니다.

"건방진 새끼."

넘어진 그를 다시 구둣발로 차려고 하자 그가 손으로 얼굴을 가리는 자세를 취하면서 다급하게 말했습니다.

"형님, 잘못했습니다."

하지만 이미 폭발해버린 화는 제동이 걸리지 않았습니다. 그의 멱살을 잡고 다그쳤습니다.

"내가 어떻게 너의 형님이냐?"

시끄러운 소리를 듣고 일행들과 닭발집 주인이 우루루 몰려나와 뜯어말렸습니다. 그 틈을 타서 그는 슬금슬금 사라졌습니다. 다시 테이블로 돌아왔지만 송년모임의 흥은 다 깨지고 말았습니다.

왜 이런 사단이 발생했을까요? 정법의 진단은 또 상식과는 180도 다릅니다. 내 안에 안 좋은 감정의 압력이 잔뜩 쌓이면 어김없이 그 뇌관을 톡 쳐서 터뜨리는 사자가 찾아온다는 것입니다. 그는 사자였던 것입니다. 표면적으로만 보면 먼저 시비를 걸고 손찌검을 한 그의 잘못 같습니다. 하지만 그 본질을 성찰하면 내 안의 탁한 기운이 임계점을 넘어 그를 끌어당긴 것입니다. 굳이 비율을 따지면 그의 잘못은 30%에 불과한 반면 내 잘못이 70%나 됩니다.

100일 공부 중에도 캣맘 일당들과 충돌이 있었습니다. 어느 날 누가 집에서 기르던 새까만 고양이를 우리 아파트 단지에 버렸습니다. 주민들이 쑤군거렸지만 그 고양이는 단지 안을 제집처럼 활보하고 다녔습니다. 사람의 손을 많이 탄 것 같았습니다. 어느 날 단지 안의 길을 아장아장 걷던 2-3살 여자 아이는 그 고양이가 다가오자 겁에 질려 울면서 도망쳤습니다. 아이에겐 새까만 고양이가 공포의 대상이었습니다. 성인인 내가 봐도 전신이 온통 새까맣고 눈이 반들거리는 그 고양이는 괴기스럽게 보였습니다. 그 며칠 뒤에는 일행과 함께 가던 20대 아가씨가 고양이를 보고 오금이 저려 걸음조차 걷지 못했습니다. 그녀는 일행들에게 '자기는 고양이 트라우마가 있다, 고양이만 보면 몸이 굳어 움직이지도 못한다'고 하소연했습니다. 새까만 고양이 한마리가 마음이 여린 어린이와 여성들에게 공포의 대상이 되고 있었습니다.

이런 상황에서 느닷없는 이웃 단지의 남녀 캣맘 일당들이 등장했습니다. 그들은 수시로 찾아와 그 고양이에게 먹이를 주고 사람이 앉는 벤치에서 데리고 놀았습니다. 그들에게 겁에 질린 여자 아이와 걸음조차 떼지 못했던 아가씨 얘기를 전해주며 자중을 요구했습니다. 그들은 자기네 단지로 고양이를 데려가겠다고 말만 하고선 계속 우리 단지에서 같은 짓을 반복했습니다. 또 그들이 두고 간 먹이 때문에 다른 길고양이들까지 단지 안으로 몰려들었습니다.

참았던 화가 폭발했습니다. 어느 날 저녁 그들 중 한 명과 고래고래 고함을 지르며 다투었습니다. 신고를 받고 경찰이 출동할 정도였습니다. 이번엔 캣맘 일당들이 뇌관을 치는 사자였습니다. 고양이 소동은 경찰의 조언에 따라 아파트 관리사무소가 나서 해결했습니다. 단지 안에 먹이제공 금지 팻말을 붙이고 구청에 신고해 조치를 취하는 것으로 종결됐습니다. 하지만 기분은 영 좋지 않았습니다.

감정의 분출이 해롭다는 건 누구나 압니다. 정법에서도 그 점을 다각도로 풀어 설명했습니다. 하지만 인생 실전에선 분노의 감정을 다스리는 게 결코 쉽지 않았습니다. 결국 분노의 모순이 만만치 않다는 것만 절감하고 그 해결은 후순위로 미뤘습니다. 그런 과정을 통해 100일 공부에도 어느 정도 요령이 필요하다는 걸 체득했습니다.

자기 모순의 정리는 쉬운 것부터 먼저 하는 게 순서입니다. 그렇게 하면서 자신의 내공을 길러야 나중에는 어려운 모순도 다스릴 수 있습니다. 반면에 처음부터 어려운 모순만 계속 붙들고 있으면 쉬운 것도 정리하지 못한 채 제풀에 지치기 십상입니다. 정법도 간헐적으로 그런 점을 일깨워 주었습니다.

"법문은 근본적인 원리를 알려주는 겁니다. 화를 내지 말라는 법문을 들었다면 바로 화를 내지 말아야 합니까? 화가 나는데도 억지로 참아야 합니까? 사람은 있는 대로 행해야 합니다. 그런 법문을 들었더라도 내가 화가 나면 화를 내야 합니다. 안 그러면 내가 홧병에 걸립니다. 감정이 올라오면 폭발해야 합니다. 내 그릇의 크기만큼 그대로 해야 합니다. 그건 나쁜 게 아닙니다. 도리어 정상입니다. 하지만 법문을 들었다면 그렇게 한 이후에 아차, 반성이 빨리 됩니다. 그게 공부를 한 사람의 차이입니다. 화를 냈다가 반성하고, 또 화를 냈다가 또 반성하고, 그런 과정을 거치면서 한뜸 한뜸 내 영혼의 질량이 커지는 겁니다. 더딘 것 같지만 그렇게 가는 게 나중에 보면 가장 빨랐다는 걸 알게 됩니다."

3-2

시험지에 걸려 넘어지면

“100일 공부를 하면 7번의 시험지가 들어옵니다.”

공부에 착수한 사람들에게 정법은 이렇게 말했습니다. 7번이나 된다고? 아니, 한두 번 정도 시험을 보면 되지 무슨 시험을 7번씩이나 치르나? 속으론 살짝 부담감이 들었습니다. 그런 속내를 읽었는지 정법은 아예 한술 더 떴습니다.

“시험은 반드시 걸려서 넘어지게끔 주어집니다. 그렇지 않은 시험지는 아예 주어지지 않습니다.”

물론 정법에서 말하는 시험지는 대자연이 주는 시험을 의미합니다. 학교의 시험이나 고시처럼 문제를 받고 답안지를 적어 제출하는 것이 아닙니다. 실제로 100일 공부를 해보니 시험지는 여러 가지 형태로 들이닥쳤습니다. 특히 자신이 취약했던 인성 영

역에서 감정을 흔드는 형태로 많이 주어졌습니다. 100일 공부가 끝나고 나서 돌아보니 시험지는 대략 7번 정도 들어온 것 같았습니다.

1. 사과 요구를 전하는 후배 전화에 격분
2. 캣맘 일당들과 감정적인 충돌
3. 거리 라이딩 도중 차량과 경미한 충돌
4. 기업의 미디어 책임자직 제안에 솔깃
5. 대학 동기의 사무실 제공 제안에 흔들
6. 주변의 궤변놀음에 분노
7. 독선적인 일부 동기들과의 절연

시험지는 대부분 예기치 않은 순간에 들이닥쳤습니다. 생각하고 자시고 할 것도 없이 화가 나서 고래고래 고함을 지르고 돌아서면 '아차, 시험지였구나.' 그런 생각이 들었습니다. 하지만 한 번씩 걸려 넘어졌다 다시 일어나면 그 다음에는 같은 모순의 분출이 많이 약해지는 게 피부로 느껴졌습니다. 물론 어떤 시험지는 주변의 강력한 만류나 지원 덕분에 겨우 넘어가기도 했습니다.

처음엔 마뜩지 않았지만 시간이 지나면서 시험지가 들어오는 이유가 서서히 납득이 됐습니다. 초발심을 일으켜 정법강의를 들으면 분별심이 빠르게 향상됩니다. 갈증에 시달린 영혼이 기갈이

들린 듯 법문을 벌컥벌컥 들이켰기 때문입니다. 하지만 분별심만 커졌지 몸의 습관은 이전 그대로 남아 있습니다. 화를 많이 내는 사람의 경우 감정폭발이 얼마나 해로운 것인지 머리로는 분명하게 자각합니다. 그렇지만 누군가 화를 자극하면 여전히 욱하고 폭발합니다. 분별심과 습관 사이의 간격, 그걸 일깨워주는 게 시험지의 역할입니다.

"시험지는 누구에게 많이 들어오느냐. 시험지가 올까 두려워하는 사람에게 많이 옵니다. 시험지 겁낼 것 없습니다. 들어오면 그냥 가볍게 받아들이고, 넘어지면 다시 일어나면 됩니다. 죄송합니다, 하늘에 이렇게 가볍게 고하고 다음 단계로 나아가면 됩니다."

정법은 이렇게 풀어줍니다. 날마다 꾸준하게 끊임없이 멘토링을 받는 게 정법 인성공부의 큰 장점입니다. 물론 스승을 직접 만나서 받는 게 아닙니다. 유튜브의 동영상 강의를 통해 저마다 필요한 멘토링을 찾아내 듣는 방식입니다. 하지만 그렇게만 해도 산티아고 순례길의 코엘료가 멘토 페트루스에게 받았던 조언보다 훨씬 더 깊이 있는 가르침을 폭넓고 다양하게 받을 수 있습니다.

3-3

아와 어는 하늘과 땅만큼 다르다

인성 180도 바꾸기

시험이란 언제나 부담스럽습니다. 자신에게 중요하고 의미 있는 시험은 혹시 잘못되면 어떡하나 두려움도 듭니다. 웬만하면 시험을 피하고 싶은 게 인지상정입니다.

"동안거 100일 공부를 하는데 시험지가 세게 들어왔습니다. 첫 동안거 때 시험이 많아 애를 먹었는데 두 번째는 더 심해 휘청거렸습니다. 세 번째인 이번 동안거는 좀 쉽게 넘어갈 수 없을까요?"

정법은 이 질문에 대해 동안거 서원을 할 때 욕심을 버리는 게 무엇보다 중요하다고 강조했습니다. 서원의 '아'와 '어'는 하늘과 땅만큼 차이가 크다고 설명했습니다.

"고집을 꼭 버리겠습니다."

이렇게 단정적으로 서원을 하면 대자연은 예외 없이 '꼭' 버리고 있는지를 시험합니다. '꼭'이라고 했으니 그 시험은 냉혹할 수밖에 없습니다. 학교의 반장 후보보다 대통령 후보를 더욱 엄격하게 검증하는 것과 같은 이치입니다.

만약 그렇게 단정적인 서원을 하고서도 자기 모순을 고치지 않으면 그 다음에는 더 강도 높은 시험지를 들이밉니다. 그래도 안 되면 나중에는 폭싹 쓰러지도록 만들어 버립니다. 자기 역량에 맞지 않게 허세를 부린 대가입니다. 반면에 "고집을 버리도록 노력하겠습니다." 이렇게 서원하면 사정은 많이 달라집니다. 시험이 들어와도 고집을 버렸는지 여부가 아니라 버리려고 노력하는지 그것만 점검합니다. 그렇기에 정법은 동안거 공부를 지혜롭게 하라고 조언합니다. 거창한 목표를 떠벌이지 말고 그냥 꾸준히 한뜸 한뜸 넘어가라고 다독입니다.

'아하, 그렇구만.' 유튜브에서 저 법문을 듣고 무릎을 탁 쳤습니다. 어떤 일이든 함부로 장담하지 않는다, 항상 노력하겠다는 정도에서 여운을 남겨둔다, 그런 셈법이 확실하게 납득이 됐습니다.

코엘료는 산티아고를 순례하면서 자신이 속했던 마음공부 단체에서 파견한 멘토 페트루스의 조언을 받았습니다. 정법 100일 공부의 멘토는 정법강의 그 자체입니다. 의문이 들 때마다 유튜브에서 해당 검색어를 처넣고 필요한 멘토링을 찾아서 들으면 됩니다. 방법도 편리하지만 멘토링의 콘텐츠도 아주 풍부합니다.

'나는 나를 위해 동안거를 하고 있다.'

멘토링에 따라 그걸 가감 없이 인정하니 마음이 많이 가벼워졌습니다. 반성도 내 욕심으로 하고 있습니다. 그런 사리사욕을 굳이 대의로 포장하면 자신만 더 피곤해집니다. 현재의 나는 그릇이 딱 이 정도입니다, 그걸 인정하고 나니 불필요한 부담감이 확 줄었습니다. 또 100일 공부도 더 순조롭게 진행됐습니다.

3-4

변하려고 노력하면 안 된다

"남 탓하지 마라."

"불평불만하지 마라."

정법에서 누누이 강조하는 당부입니다. 하지만 여기에서 다시 반전이 일어납니다. 그렇게 되려고 노력해선 안 된다고 제동을 겁니다. 이 무슨? 처음에는 스텝이 꼬이는 엇박자처럼 들리기도 했습니다.

사람이 품성을 바꾸고 습관을 고치는 건 쉽지 않은 일입니다. 그렇게 하려면 비상한 노력이 필요하다는 게 상식입니다. 그런데도 정법은 왜 노력하지 말라고 하는 것일까요? 머리로만 알고 의도적으로 그렇게 하는 건 앞서가는 것에 불과하기 때문입니다. 그렇게 해서는 품성도 바뀌지 않고 습관도 고쳐지지 않습니다.

돌아가는 상황이 남 탓을 안 할 수 없다면 남 탓을 할 수밖에 없습니다. 그렇기에 정법은 남 탓을 하고 싶다면 남 탓을 하라고 합니다. '있는 그대로', '갖춘 그대로' 하라는 것입니다. 더 극단적인 비유도 합니다. 도둑질을 할 수밖에 없다면, 사기를 칠 수밖에 없다면 그렇게 하라고 합니다. 도둑질을 안 하면 굶어죽는데, 상대가 사기를 쳐달라고 안달을 하는 상황인데도 하지 말라고 하는 건 어불성설이기 때문입니다.

그런데도 사람이 좋은 방향으로 변할 수 있는 것일까요? 그렇습니다. 그렇게 해야만 제대로 변한다는 게 정법의 입장이었습니다. '남 탓하지 말라'는 강의를 듣고 납득하기 시작하면 남 탓을 했다가도 오래 지속할 수 없게 됩니다. 아차, 머쓱한 느낌이 들면서 머리를 긁적긁적 하다가 그만두게 됩니다. 그 정도는 달라졌기 때문입니다. 또 그 상태에서는 그 정도만 하는 게 정답입니다.

이런 과정을 통해 공부가 익어가면 갈수록 악습이 발동하는 빈도가 서서히 줄어들게 됩니다. 도둑질이나 사기의 경우에도 마찬가집니다. 공부를 통해 변한만큼만 달라지게 됩니다. 이것이 바로 '갖춘 그대로' 행하는 방식입니다. 길게 보면 이렇게 하는 것이 가장 빠르게 변할 수 있는 방법입니다. 정법은 다른 모순에 대해서도 이런 방식으로 고쳐나갈 것을 수시로 주지시켜주었습니다.

여기서 본질적인 의문이 들 수도 있습니다. 사람은 왜 변해야 하는 것일까요? 일차적으론 자신에게 다가오는 불운이나 사고를 막기 위해서입니다. 화를 피하고 복을 구하는 건 인지상정입니다.

불운이 다가오는 것도 원리가 있습니다. 내가 어떤 잘못을 저질렀다고 해서 불운이 바로 다가오지는 않습니다. 그런 잘못이 켜켜이 쌓여 임계점을 넘었을 때 비로소 나에게 닥치는 게 불운입니다. 일단 임계점을 넘고 나면 그때부터는 조금만 잘못해도 바로 사고가 터지고 악운이 겹쳐서 일어납니다. 그때부터 불행은 혼자서 오지 않습니다. 그래서 임계점을 넘기 전에 불운을 막는 게 중요한 과제로 등장합니다.

내가 2시간 뒤에 교통사고를 당해 중상을 입을 상황을 가정합시다. 그 교통사고는 이미 예정된 것입니다. 그런 사고가 일어날 수밖에 없는 조건을 나 자신이 켜켜이 쌓아왔습니다. 만약 천장의 악행카드가 쌓였을 때 사고가 일어난다고 가정하면 2시간 뒤에 다가올 교통사고는 이미 998장이 쌓인 상태에서 2장만 더 추가하면 발생하는 것입니다. 성을 내고 남 탓을 하는 게 그런 카드였다면 2번만 더 성을 내거나 남 탓을 하면 사고가 터지는 것입니다. 위기일발의 순간입니다.

이렇게 위태로운 시점에서 내가 성내고 남 탓하는 언행을 중단하면 어떻게 될까요? 악행카드가 998장에서, 즉 마이너스 2의 상태에서 멈추게 됩니다. 여기서 한걸음 더 나아가 잘못이 내 탓이란 걸 자각하면 역전현상이 일어나기 시작합니다. 그런 반성이 카드를 하나, 하나 사고발생의 반대편으로 밀어냅니다. 그런 역전이 계속 이어지면 나중에는 악행카드가 반대편으로 밀려나 사라집니다. 당연한 결과지만 발생이 예정됐던 사고 역시 나를 비켜가게 됩니다.

다만 정법은 이렇게 사고발생의 원리만을 설명할 뿐 하라, 마라 간섭하지 않습니다. 성을 내도 됩니다. 남 탓을 해도 됩니다. 다만 그렇게 해나가면 때가 되었을 때 나 또한 당해야 하는 건 감수해야 합니다. 나쁜 원인을 만들었는데 좋은 결과가 나오는 법은 없기 때문입니다. 선택은 전적으로 각자의 몫입니다.

3-5

화를 폭발하면 여러 사람 잡는다

인성 180도 바꾸기

100일 공부를 하면 주로 자신의 과거 경험을 대상으로 성찰을 많이 하게 됩니다. 하지만 자신의 경험이 약할 때는 주변 지인들의 경험이나 사례를 원용하기도 합니다. 화, 분노를 성찰할 때는 자신의 경험과 주변의 경험을 같이 성찰하기도 했습니다.

중딩 아들이 게임에 너무 빠지자 그의 아버지는 화가 많이 났습니다. 몇 번을 타일렀지만 아들은 별로 바뀌지 않았습니다. 감정이 폭발한 아버지는 어느 날 아들을 격하게 혼내고 말았습니다. 그날 밤 중딩 아들은 아파트에서 몸을 던져 스스로 목숨을 끊고 말았습니다.

그 아버지는 분명 아들이 잘되기를 바라는 마음으로 꾸중을 했을 겁니다. 하지만 방법론이 최악이었습니다. 화를 폭발하며 아들을 나무란 건 아들을 죽이는 짓이나 마찬가지였습니다. 사회생활을 하는 아버지는 다른 사람들의 기운을 많이 흡수해 에너지가 왕성합니다. 반면에 아직 성장 중인 아들은 온실의 화초처럼 연약합니다. 집에서 살림만 하는 부인도 마찬가집니다. 이런 연약한 사람들에게 에너지가 왕성한 사람이 화를 폭발하면 상대는 영혼에 심한 상처를 받아 과도하게 위축됩니다. 화를 통해 나오는 에너지는 온통 탁한 성분뿐이기 때문입니다.

아들의 비극적인 죽음은 결코 혼자만의 죽음으로 끝나지 않습니다. 저 집의 부모는 죽음 못지않은 고통을 겪었을 겁니다. 형제가 있었다면 그들의 충격도 대단했을 겁니다. 아들의 친구나 지인, 교사와 이웃들도 적지 않은 쇼크를 받았을 겁니다. 돌맹이 하나를 던지면 연못 전체에 파문이 번지듯이 한 사람의 잘못된 희생은 일파만파로 번져나갑니다.

화를 폭발하면 자신만 힘든 게 아닙니다. 주변은 더 괴롭습니다. 그걸 머리로는 뻔히 알지만 몸이 말을 잘 안 듣습니다. 다시는 이러지 말아야지, 그렇게 결심을 하고서도 상황에 직면하면 또 욱하고 폭발하게 됩니다. 뭔가 획기적인 치유를 하지 않으면 이런 악순환은 죽을 때까지 반복됩니다.

반면에 스스로 실력을 갖추면 화는 저절로 소멸됩니다. 자기 영혼의 질량을 높여 상황을 냉철하게 파악하는 능력이 실력입니다.

1. 아들이 왜 게임에 빠졌을까?
2. 게임이 과연 나쁘기만 한 것인가?
3. 좋은 점도 있다면 어디까지 허용해야 하는가?

이런 점들을 냉철하게 점검할 수 있을 정도의 질량을 갖추면 게임에 빠진 자식에게 감정을 폭발할 이유가 별로 없어집니다.

"아이들이 게임에 빠지는 건 외롭기 때문입니다. 그들이 왜 외로울까요? 희망이 없기 때문입니다. 외로움에서 벗어나려는 그들만의 몸부림이 게임 중독입니다. 그들에게 희망을 제시하지 못한 건 다름 아닌 부모들이었습니다. 그만큼 자식을 방치한 것입니다."

정법은 이렇게 진단했습니다. 부모가 자식에게 화를 내는 건 자식을 망쳐놓고 엉뚱하게 자식에게 덮어씌우는 짓이라는 것입니다. 글자 그대로 적반하장입니다.

내가 화를 내면 주변의 여럿을 잡습니다. 내가 웃으면 주변의 여럿을 살립니다. 화를 삼가하고 잘 웃는 것, 그걸 가능하게 해주는 게 인성공부입니다. 나를 살리고 상대를 살리고 주변을 살리는 게 진정한 인성공부입니다.

3-6

감정 분출은 못남의 극치

인성 180도 바꾸기

분노를 제대로 조율하지 못해 망신에 이르는 사례는 비일비재합니다. 한진가의 큰딸은 분노를 참지 못해 땅콩회항 사건을 일으켰고 결국 법정에서 실형을 선고받았습니다. 막내딸은 광고업체 직원에게 폭언을 하면서 물컵을 깼다가 국민적인 지탄을 받았습니다.

저 역시 분노의 성향이 강했습니다. 그걸 치유하기 위해 수련단체에 들어가 강도 높은 수련도 장기간 했습니다. 주로 상상으로 죽고 버리는 격렬한 방식을 활용했습니다.

"없애 버리겠다."

분노를 자극하는 미운 인간을 영상으로 떠올리며 그 자의 머리를 상상 속의 도끼로 찍어버렸습니다. 칼로 찍어 난도질하기도 했습니다. 폭탄을 터뜨려 흔적 없이 폭파도 시켰습니다. 물론 그렇게 하면서 자신도 상상으로 처참하게 죽였습니다.

그런 수련이 반복되면 어느 순간 미운 인간들의 상이 지워지고 극적인 반전까지 일어났습니다. 자신이 가해자로 범했던 소행들이 어느 순간 선명하게 인지가 됐습니다. 피해자인줄 알고 분노했던 내가 가해자였다니? 그 어이없는 의식의 반전에 통곡이 터져 나왔습니다. 자정을 넘은 시간에 시작된 통곡은 새벽까지 계속 이어졌습니다. 자신이 가족들에게, 주변에 가했던 위해들이 머릿속에서 가차 없이 계속 펼쳐졌습니다.

"미안해. 정말 미안해."

견딜 수 없을 정도로 부끄럽고 죄스러웠습니다. 가족들에게, 친구들에게, 지인들에게, 심지어 그토록 증오했던 적들에게도 머리 조아리며 사죄했습니다. 하지만 이렇게 절절한 반성도 그 약발이 그렇게 오래 가지는 못했습니다. 몇 달이 지나자 다시 분노의 감정은 꿈틀하고 살아났습니다. 사람은 왜 이렇게 분노를 제대로 다스리지 못하는 것일까요? 정법의 진단은 이랬습니다.

"화를 내는 것은 일단 내가 똑똑해서 그렇습니다. 똑똑하니까 남들보다 앞서 상황을 파악합니다. 하지만 그걸 해결할 역량은 없다보니 답답해서 화를 내는 겁니다. 그렇다면 상황을 해결하지 못하는 게 과연 똑똑한 것인가요? 못남의 극치일 뿐입니다."

분노의 폭발은 개인적으로도 힘겨운 숙제였습니다. 우연처럼 마음공부에 입문했던 것도, 그 여정을 꾸역꾸역 이어간 것도 결국엔 분노 때문이었습니다. 직장이나 대인관계에서도 중요한 시점에 화를 다스리지 못해 일을 망쳐버린 경우가 여러 번 있었습니다.

독성이 이토록 강하기에 분노를 다스리려면 상당한 지혜가 필요합니다. 정법에선 무엇보다 먼저 자신의 못남을 자각해야 한다고 강조합니다. 문제를 해결하지 못하면서 화만 내는 자신이 얼마나 못났는지 냉철하게 직시하라는 것입니다. 또 그걸 알았다면 지금부터라도 실력을 키우라고 당부합니다.

자신의 실력을 키우는 방법은 크게 두 가지입니다. 하나는 쉬운 방법으로 일상에서 자신의 자세를 최대한 낮추어 배워나가는 것입니다. 다른 하나는 강도 높은 고행을 통해 자신의 심성 자체를 바꾸는 것입니다. 큰 깨침은 후자를 통해 이뤄지지만 전자를 통한 개선 효과도 결코 작지는 않습니다.

화를 내는 사람은 분명 기운을 크게 받고 태어난 사람들입니다. 기운이 약한 사람들은 화조차도 내지 못합니다. 하지만 천부적인 큰 기운을 제대로 살리지 못한 채 화만 내다가 인생을 마감한다면 그처럼 허망한 낭비도 없습니다.

3-7

화는 푸는 게 아니라 녹이는 것이다

인성 180도 바꾸기

물방울은 연약하지만 같은 지점에 계속 떨어지면 마침내 견고한 바위를 두 동강으로 갈라버립니다. 한뜸 한뜸 공부를 해나가는 정법의 여정도 이와 비슷했습니다. 그토록 견고했던 분노의 에너지도 성찰과 반성이 이어지자 조금씩 위력이 약해졌습니다.

'이렇게 등신 같은 짓을 했다니? 내가 바보였다.'

언제부턴가 마음속에서 저런 자각이 싹트기 시작했습니다. 화를 낸다는 게 얼마나 미련한 짓인지 납득이 되자 화를 내는 것 자체가 점점 더 엄두가 안 났습니다. 감정을 폭발하는 상대가 왜 저런 반응을 보였는지 하나, 하나 짚어보게 됐습니다. 그러면 그럴수록 자신의 미욱함이 더 선명하게 인지가 됐습니다.

'내가 정말 어리석었다.'

자신의 어리석음을 직시하는 건 창피하고 부끄러웠습니다. 하지만 그마저도 드라이하게 직시할 수밖에 없었습니다.

마음공부에서 그토록 강도 높은 수련을 하고서도 화를 다스리지 못한 이유도 이해가 됐습니다. 억지로 화를 제압하는 건 일시적인 조치일 뿐이었습니다. 내면에서 무한대에 가까운 에너지를 내포하고 있는 분노의 감정을 힘으로 제압하는 건 아무리 강도 높은 수련을 동원했다 하더라도 한계가 있을 수밖에 없었습니다. 그런 수련이라도 했기에 화를 대폭 제압한 건 틀림이 없지만 그것만으로는 화를 근본적으로 다스릴 수 없다는 점도 분명한 사실이었습니다. 반면에 자기 성찰을 통해 화를 낸다는 게 얼마나 어이없는 짓인지를 납득하면 화 그 자체가 진정이 됐습니다. 그렇기에 옛날의 오랜 습관 때문에 어느 순간 화를 분출했다가도 빠른 시간 안에 평정을 회복할 수 있었습니다.

언론에선 국민화병시대가 열렸다고 합니다. 정치권을 비롯해 여기저기서 터져 나오는 싸가지 없는 언동들이 만인을 화나게 합니다. 그 피드백이 좋을 수가 없습니다. 인터넷 댓글은 갈수록 더 험악해집니다. 사석에서 오가는 언사들은 더 섬뜩합니다. 분노조절장애는 이제 곳곳에서 목격할 수 있을 정도로 악화됐습니다. 우리는 이 고비를 어떻게 넘겨야 할까요?

"주시는 하되 비판은 하지 마라."

정법은 공부를 할 때는 가급적 TV나 뉴스를 보지 말라고 합니다. 뉴스를 보면 속에서 천불이 나는 시대입니다. 그렇게 좋지 않은 에너지와는 가급적 접촉을 하지 않는 게 상책입니다. 만약 접촉을 하게 되면 함부로 비판하지 말고 그냥 지켜보면서 흡수만 해야 합니다. 자기안의 화나 분노를 성찰하는 계기로만 활용하고 그냥 넘어가야 합니다.

이틀째 어떤 사람에 대해 불쾌한 감정이 솟구칩니다. 내가 왜 이러지? 자신에게 이렇게 반문해도 분한 감정은 저절로 튀어 올랐습니다. 이럴 때는 일단 감정대로 화를 냈다가 그런 다음 정법 강의를 다시 들었습니다. 그러면 화나 분노가 작동하는 원리에 대한 이해가 깊어지면서 감정도 저절로 정돈이 됐습니다.

1. 화가 나는 건 기운은 크지만 상대를 설득할 수 있는 실력이 없기에 그런 것이다.

2. 내가 사람들에게 뭔가 잘못을 했을 때 그 압이 차오르면서 화가 나거나 감정폭발을 일으키는 조건이 만들어진다.

3. 그때 누군가가 다가와 뇌관을 탁 친다. 그러면 자신은 감정을 폭발하게 된다.

4. 이것을 그대로 방치하면 화의 강도는 점점 더 커지고 안 좋은 일들도 더 많이 생겨난다.

5. 그렇기에 화가 나거나 불쾌한 감정이 일어나면 내가 부지불식간에 세상 사람들에게 뭔가를 잘못했다는 시그널임을 알아

야 한다.

6. 또 분노를 야기하는 사람은 더 큰 사고가 터지기 전에 자신에게 미리 경고를 해주는 고마운 사람이다.

7. 이 원리를 제대로 납득하면 화가 안 나거나 나더라도 금방 다스려진다.

화는 푼다고 사라지는 게 아닙니다. 그래봤자 금방 재발합니다. 참는다고 없어지는 것도 아닙니다. 속으로 화의 에너지가 응축돼 언젠가는 더 크게 폭발하고 맙니다. 참는 게 능사가 아니라는 얘깁니다. 반면에 법문을 납득하면 할수록 사안의 실상들도 더 선명하게 보입니다. 지금 나를 불쾌하게 만드는 저 사람의 언행은 평소에 자신이 남들에게 했던 것과 비슷했습니다. 그는 나의 모순을 비춰주는 거울이었습니다.

아차, 그런 상대에게 화부터 낸 건 적반하장이었습니다. 거울에 비친 자신의 외모가 마음에 들지 않는다고 거울을 때려버린 것과 마찬가지였습니다. 자신의 이런 모순을 자각하니 화 또한 스르르 사라졌습니다. 물론 감정의 찌꺼기는 남아 있었습니다. 하지만 자기 성찰의 끈을 놓지 않으면 그것들도 언젠가는 말끔하게 청소가 될 것입니다.

3-8

분노범죄에 분노하면 내가 당한다

옆 차가 깜빡이를 안 넣고 갑자기 끼어듭니다. 화가 폭발합니다. 비상신호를 보내 그 차를 갓길로 몰아세웁니다. 서로 잘잘못을 따지다 언성이 높아집니다. 그러다가 욕설과 함께 칼을 꺼내 상대를 푹 찔러버립니다.

이런 분노범죄나 묻지마 범죄가 터지면 언론은 요란하게 실태를 진단하고 대책을 거론합니다. 사람들도 덩달아 이런 범죄를 욕하고 비난합니다. 하지만 그렇게 해서 분노범죄가 줄었습니까? 묻지마 범죄가 사라졌나요? 도리어 급증하고 있습니다. 또 하나 나는, 그리고 당신은 저런 범죄를 비난할 자격이 있을까요? 혹시 우리가 저런 범죄를 유발시킨 원인제공자 내지 교사범은 아닐까요?

분노범죄와 관련해 정법은 무서운 경고를 했습니다. 뉴스를 통해 분노범죄를 접했다면 그걸 본 국민 모두가 희생자가 될 개연성이 높아졌다는 것입니다. 이른바 블랙리스트에 이름을 올린 셈입니다. 주변에서 분노범죄가 발생했다면 나에게 발생할 가능성이 더 높아졌습니다. 내 눈앞에서 그게 발생했다면 그 다음 순서가 바로 나입니다. 섬뜩한 경고입니다. 그런데도 저 인간들은 나쁘고 나는 정의롭다는 식으로 범죄 당사자들에게 욕이나 비난을 계속 한다면 어떻게 될까요? 그걸 내게로 확 잡아당기게 됩니다.

이런 원리는 일상의 다른 사안에도 똑같이 적용됩니다. 내 눈앞에 장애인이 보였다면 내가 장애인이 될 후보자로 등재된 것입니다. 그 장애인이 불쌍하다고 찾아가서 음식을 먹여주고 목욕까지 시켜주면 내가 그렇게 될 가능성을 자발적으로 더 높이는 겁니다. 세상은 저런 행위를 선행으로 보지만 정법의 해석은 그와는 180도 다릅니다.

분노범죄나 장애인을 직간접적으로 접하면 피눈물을 삼키는 한이 있더라도 냉철하게 자신부터 성찰해야 합니다. 내가 무엇을 잘못했길래 내 앞에 이런 것이 펼쳐지는가? 추적에 추적을 거듭해서라도 그걸 찾아내야 합니다. 그리고 그 모순을 고쳐야만 범죄나 재난이 내게서 물러가게 됩니다.

반면에 착한 마음을 주책없이 발동하면 사회 시스템을 마비시켜 상대를 더 망치는 결과로 이어집니다. 내가 앞장서 분노범죄를 규탄하고 장애인을 돌보고 극빈자에게 음식을 나눠주면 그 문제를 해결할 힘을 가진 경찰이나 자치단체, 정부가 손을 놓아버립니다. 그러면 문제해결이 그만큼 더 늦어집니다. 그렇기에 사정상 부득이 그런 활동을 하게 된다면 절대로 남을 돕는다는 생각으로 그렇게 해서는 안됩니다. 선행이 아니라는 얘깁니다. 저 사람들을 통해 내가 뭔가를 배우고 그 대가로 나의 노력이나 봉사, 금전 등을 제공한다는 자세로 접근해야만 뒤탈이 없어집니다.

날파리나 해충이 생기는 이유는 자명합니다. 오물 덩어리를 쌓고 방치해 그런 조건을 만들었기 때문입니다. 그렇다면 날파리 한두 마리 잡는다고 문제가 해결이 될까요? 오물 덩어리를 치우지 않으면 절대 문제가 풀리지 않습니다. 사람이 짜증내고 성내고 화내면 탁한 에너지가 생산됩니다. 이렇게 발생된 에너지는 사라지지 않고 누적됩니다. 사람들은 날마다 가정이나 일터에서 이런 탁기들을 발산합니다. 그게 누적되면 언젠가는 분노범죄, 묻지마 범죄라는 괴물이 탄생합니다. 나와 당신, 우리들이 합작으로 만든 작품입니다. 그리고 이제는 그 괴물들이 곳곳에서 우리를 공격하기 시작했습니다. 냉철하게 대응하지 않으면 상황은 갈수록 더 나빠질 개연성이 대단히 높습니다.

100일 공부를 하면서도 욕심이 앞선 나머지 분노의 모순을 가장 먼저 손댔다가 상당한 고전을 했습니다. 산행으로 치면 깔딱고개를 만난 셈이었습니다. 넘어서려면 숨이 깔딱깔딱 한다고 해서 깔딱고개입니다. 하지만 멈추지 않고 계속 걸어가면 사람은 결국 깔딱고개를 넘어서게 마련입니다. 분노의 모순이 강력했지만 정법이란 멘토가 있었기에 넘어설 수 있었습니다. 산티아고 순례길에서 코엘료가 수시로 좌절하고 자빠졌지만 멘토 페트루스가 적절한 멘토링을 통해 700킬로 순례길을 완주하도록 이끌어준 것과 마찬가지였습니다.

다만 뒤에 오는 사람들을 위해 당부하자면 인성공부에도 욕심을 내서는 안 된다는 것입니다. 자신의 결점을 빨리 고치고 싶은 마음이야 인지상정입니다. 하지만 그런 욕심을 버려야만 결과적으로 더 빨리 목표지점에 이를 수 있습니다. 학교에서의 시험처럼 자신의 모순을 다스릴 때는 가장 쉬운 문제부터 먼저 풀어야 합니다. 그러면 탄력이 붙어 더 어려운 문제들도 해결할 수 있습니다. 최악의 경우 가장 어려운 문제를 풀지 못했다 하더라도 쉬운 문제들은 다 해결했기에 그 정도의 성적은 확보하게 됩니다. 반면에 처음부터 어려운 문제를 덥석 붙잡고 그것부터 풀겠다고 객기를 부리면 문제를 하나도 풀지 못한 채 시험시간이 끝나고 전 과목 낙제처분을 받을 수도 있습니다. 쉬운 것부터 한뜸 한뜸, 이것이 인성공부의 핵심적인 방법론입니다.

3-9

생각은 어떻게 180도 바뀌나?

인성 180도 바꾸기

자신에게 해악을 끼쳤던 인간들을 떠올리면 분노로 치를 떨었습니다. 많은 세월이 지나도 그 분함은 좀처럼 지워지지 않았습니다. 하지만 100일 공부를 하면서 자신도 모르는 사이에 생각이 180도로 달라졌습니다.

'그들이 내 은인이었다. 그들 덕분에 내 삶이 도리어 좋게 변했다.'

억지로 노력한 것도 아닌데 어느새 그렇게 변하고 말았습니다. 언젠가 반드시 이자까지 쳐서 갚겠다고 다짐했을 정도로 증오했던 인간들이 은인으로 뒤바뀐 것입니다.

'내가 머물러선 안 될 곳에 너무 오래 머물렀다. 그러면서도 처신을 제대로 못해 그런 사단이 터졌다. 더 늦기 전에 저들이

내 고름을 째고 터트려 주었다. 덕분에 전화위복의 계기가 마련됐다.'

생각이 그렇게 정돈되자 분노나 미움의 감정이 사라졌습니다. 나중에 찬찬히 돌아보니 그 이유와 과정도 납득이 됐습니다. 정법 강의의 독특한 힘이 작용한 것이었습니다.

누군가 질문을 하면 정법은 납득이 가도록 설명을 해줍니다. 분노에 대해선 분노가 작동하는 원리를 질문자의 처지에 맞게 다각도로 짚어 줍니다. 그런 과정을 통해 감정이 일어나고 소멸하는 이유를 납득하게 되면 더 이상 그런 감정에 시달리지 않게 됩니다. 분노는 뿌리가 깊은 악감정이라 수시로 재발하기도 하지만 시간이 가면 갈수록 그 세력이 현저히 약해집니다.

글쎄, 과연 그럴까? 처음엔 이런 의문이 드는 것도 당연합니다. 해묵은 문제일수록 저런 의심이 더 심할 것입니다. 하지만 자신이 당면한 현안이나 겪었던 사연들을 해당 법문에 대입해 입체적으로 성찰하면 당사자가 직접 몸으로 느낄 수 있습니다. 관점이 한뜸 한뜸 달라지면서 마침내 180도 다르게 변합니다. 그것도 100일 안에 그렇게 됩니다. 직접 그걸 체험하고 나니 정법과 다른 마음공부의 차이점이 확연하게 인지가 됐습니다.

분노의 감정은 마음공부의 영역에서도 난제에 해당합니다. 강도 높은 수련을 하더라도 좀처럼 제어하기 힘든 감정입니다. 절실한 반성을 통해 분노를 정리한 것 같다가 어느 순간 다시 폭발합니다. 해도 해도 끝이 잘 안 나 적지 않은 사람들이 중간에 수련을 포기하기도 합니다.

1. 마음공부에선 사실상 억지로 감정을 제압하려고 합니다. 죽고 버리기의 경우 분노의 대상인 상대의 상을 떠올려 격렬한 방법으로 그 상을 지웁니다. 수련이 워낙 강력하기에 분노의 감정도 단기간에 다스려집니다. 그러나 일정 기간 수련을 중단하면 다시 분노가 되살아 납니다.

2. 의료계에서도 분노를 제대로 치유하지 못하고 있습니다. 홧병이란 병명을 발견하고 등재했지만 그에 대한 치료법을 아직 제대로 못 찾았습니다. 분노조절장애가 사회문제로 떠올랐지만 역시 손도 못 대고 있습니다. 심지어 의료인들 자신조차 분노의 감정에서 헤어나지 못하는 경우가 비일비재합니다.

3. 정법은 분노가 일어나는 원리를 차근차근 풀어줍니다. 분노의 원인은 자신의 실력 부족입니다. 그런데도 감정폭발을 통해 상대의 영혼에 치명적인 위해를 가하기에 용서받지 못할 죄악이라고 설명합니다. 정법에선 분노하는 사람을 최악의 가해자로 봅니다.

혹시 분노 때문에 미칠 지경이신가요? 자다가도 벌떡 일어날 정도로 홧병에 시달리고 계신가요? 아니면 정반대로 우울증으로 고통받고 계신가요? 만약 그렇다면 속는 셈치고 정법공부를 100일만 해보십시오. 그거 100일 한다고 인생이 파탄나는 것도 아닙니다. 100일 공부만 하면 최소한 현안들의 가닥이 잡힙니다. 만에 하나 100일 공부를 했는데도 별로 효과가 없다면 그때는 더 이상 미련 갖지 말고 정법을 버리시면 됩니다.

Chapter

4

가족, 혈육의 뉴패러다임

4-1

가족 법문을 듣다가 쏟아진 눈물

인성 180도 바꾸기

'나 아니면 안 돼.'

집에서 혼자 이 강의를 듣는데 갑자기 목이 울컥하더니 눈물이 났습니다. 고개를 흔들며 감정을 다잡으려 하자 도리어 흐느낌이 터져 나왔습니다. 의지로는 멈출 수 없었습니다. 화장실로 들어가 세면대를 부여잡고 앉으니 눈물이 그냥 쏟아졌습니다. 극심한 자책감이 사정없이 자신을 때렸습니다.

'내가 도리어 가족들을 망쳤구나. 이럴 줄은 상상도 못했다.'

억장이 무너졌습니다. 어떻게 이럴 수가? 긴 세월 자신은 도리를 지키려고 노력하며 살았다고 믿었습니다. 한 집안의 장남으로서, 결혼 이후엔 가장으로서 책임감이 꽤 투철했다고 생각했었습니다. 하지만 정법의 진단은 전혀 달랐습니다.

“당신같이 미련한 인간이 남편으로 있어 아내의 재능이 꺾였습니다. 당신처럼 꽉 막힌 인간이 부모로 있어 자식들의 앞길이 막혔습니다. 진심으로 가족들에게 미안한 마음을 가져야 합니다.”

법문은 비수로 찌른 것처럼 가슴을 아프게 후벼팠습니다. 화장실에 들어가 세면대를 부여잡고 하염없이 울었습니다. 눈물이 마르자 방으로 나와 오랫동안 멍하니 의자에 앉아 있었습니다.

‘내가 옳다고 고집부린 것 때문에 가족들이 피지도 못한 채 시들고 말았든가?’

그런 생각이 들자 또 눈물이 주르륵 흘렀습니다. 집안의 장남이란 입지가 살면서 늘 족쇄였습니다. 내가 없으면 집안이 흔들릴 것 같았습니다. 그런 불안감 때문에 주로 가족 가까이에 머물렀습니다. 그러면서도 마음 한구석엔 원망이 더 깊어졌습니다. 가족들 때문에 남들에게 머리 숙이고 부탁이나 하면서 내 인생이 망가진다는 악감정이 있었습니다. 속으로는 그런 원망을 하면서 겉으로는 도리를 하겠다고 끙끙댔으니 마음이 안팎으로 찢어진 것이나 마찬가지였습니다.

“당신이 그 자리에 있어 가족들이 더 그렇게 된 것입니다.”

이 법문이 피니시 블로였습니다. 반평생을 지탱했던 자신의 가족관이 와르르 무너졌습니다. 도덕적 우월감도 덩달아 붕괴됐습니다. 고통스런 자책과 진한 회한이 그 자리를 대신 메꾸었습니다.

상대를 내 마음대로 움직이려고 하는 걸 정법에선 최악의 욕심으로 봅니다. 내가 가족들에게 범한 핵심적인 잘못이 바로 이것이었습니다. 내 판단, 내 가치관, 내 방법론에 따라 움직이도록 강요하면서도 자신은 도리를 다하고 있다고 착각했습니다. 독립된 인격체인 가족들을 만만한 노예처럼 대한 주제에 도리어 잘했다고 믿었던 그 어리석음이 거울에 비춘 것처럼 리얼하게 눈앞에 보였습니다.

4-2

결혼 했다고 가족이 아니다

인성 180도 바꾸기

서로 남남이었던 남녀가 만나 사랑을 나누고 결혼을 합니다. 그러면 세상에선 이들을 부부로 인정합니다. 당사자들도 당연히 그렇게 생각합니다. 하지만 이렇게 당연한 상식이 100일 공부과정에서 또 깨졌습니다.

"결혼을 했다고 부부가 아닙니다. 그건 인연을 만난 것뿐입니다. 하늘이 인연을 주는 건 서로 간에 의무를 다하라는 의미입니다. 의무를 다하는 것은 잘한 게 아니라 당연한 것입니다. 결혼한 남녀가 인연을 넘어 가족이 되려면 서로 노력해야 합니다. 그런 노력을 통해 서로 간에 이념이 같아지고 일심동체가 되어야 비로소 부부가 됩니다. 남녀가 가족이 되면 살아서는 물론 죽은 이후에도 그 인연이 갈라지지 않습니다. 하나님도 이를 갈라놓을 수 없습니다."

파격적인 법문이었습니다. 어떤 때는 수긍이 가다가도 다시 들으면 고개가 갸웃해지기도 했습니다. 부부법문을 제대로 이해하기 위해 자식에 대한 법문까지 들어봤습니다. 자식에 대한 법문 역시 파격적이었습니다.

"자식도 가족이 아닙니다. 자식 역시 혈육으로 주어졌을 뿐입니다. 자식은 혈육인연이지 가족이 아닙니다. 혈육인연을 준 것도 서로 간에 의무를 다하라고 준 것일 뿐입니다. 부모가 자식을 위해 살면서 이를 도왔다고 생각하면 아주 잘못된 것입니다. 그냥 자신의 의무를 이행한 것뿐입니다. 부모, 자식 간의 관계도 서로 노력을 해야만 비로소 가족으로 승화됩니다."

처음엔 얼떨떨했던 가족법문들이 종합적으로 맞춰보니 점차 이해가 됐습니다. 요컨대 자연적으로 주어진 인연들은 설사 가족의 형태로 왔다 하더라도 혈육에 불과하고 서로 간에 의무 이행을 넘어 이념이 하나로 일치가 되어야만 진정한 가족이 된다는 것이었습니다.

가족이 혈육으로 오는 까닭을 풀어준 법문은 신화처럼 재미도 있었습니다. 천지가 창조된 이후에 지상에 인간으로 내려온 영혼들은 윤회를 거듭하면서 서로 간에 은원이 얽히고설키게 됩니다. 이를 전생의 빚 고리라고 정법은 설명했습니다. 이런 빚

고리 가운데 최고의 빚 고리를 가진 인연들이 부모, 자식 간의 혈육으로 맺어집니다. 그렇기에 세상의 부모들은 자기 능력의 30%를 자식들에게 빚을 갚는데 써야합니다. 이를 일러 의무를 다한다고 합니다. 의무를 이행한 것이기에 공치사를 하거나 생색을 낼 이유가 전혀 없습니다. 만에 하나 그렇게 한다면 그 당사자는 천벌을 받게 됩니다. 부모에게 30%의 지원을 받아 성장한 자식들은 자신의 가정을 일구었을 때 자기 자식들에게 30%를 지원하면 됩니다.

자식의 뒤를 이은 두 번째 전생원수가 다름 아닌 배우자입니다. 세상에선 모르는 남녀가 만나 서로 사랑했기에 결혼까지 했다고 생각합니다. 하지만 틀렸습니다. 대자연의 트릭에 속아 그렇게 착각했을 뿐입니다. 원수들끼리 생얼로 만나면 째려보다가 끝날 것이기에 대자연이 나서 이들의 눈에 콩깍지를 씌워버립니다. 그러면 이들 남녀는 뽕을 맞은 것처럼 몽롱해집니다. 갑자기 그이가 세상에서 가장 멋지게 보이고, 그녀가 세상에서 가장 매력적으로 보입니다. 안보면 보고 싶고 만나면 자고 싶은 그런 심리상태가 됩니다.

정신의학계도 이런 섭리를 공인했습니다. 의료진은 연구를 통해 사랑에 빠진 남녀들의 뇌 반응은 마약에 중독된 사람들과 비슷하다고 발표했습니다. 또 그런 중독 상태는 대략 2년 정도 지속된다는 연구결과도 발표했었습니다. 그런 과정을 통해 결혼에 이른 남녀는 지지고 볶고 살다가 어느 날 문득 제 정신이 듭니다. 그리고 상대의 실체를 어렴풋하게나마 파악하곤 놀랍고 기가 차서 한탄 같은 비명을 지릅니다.

"이 웬수!"

빙고. 하지만 이미 원수들끼리 살을 섞고 2세들까지 만들고 말았습니다. 이를 어쩌나? 발을 동동 구르며 무르고 싶겠지만 이미 때는 늦었습니다. 하지만 그보다 더 좋은 길도 있습니다. 늦었지만 서로 노력해서 진정한 부부가 되는 겁니다. 그 길을 열어주는 게 다름 아닌 정법입니다.

그렇다면 부부간의 노력은 어떻게, 언제까지 해야 하는 것일까요? 서로가 서로의 성장을 위해 힘써주는 게 노력입니다. 남편이 돈 잘 벌어 주고 아내가 밥 잘 차려 주는 건 노력에 해당되지 않습니다. 서로가 서로를 성장시켜 주는 것만이 노력으로 인정을 받습니다. 이런 노력을 40대까지 계속하면 50대 접어들어 대자연이 판정을 내려줍니다. 서로가 서로를 위해 노력한 것이 70%에 이르면 드디어 웬수가 아니라 부부라는 걸 인정받게 됩니다.

4-3

자식의 왕따는 부모의 잘못 때문

내 자식만을 최고로 대접받게 하려는 부모들의 욕심이 역설적인 결과를 만들었습니다. 학교마다 왕따 문제로 골치를 앓고 있습니다. 이를 견디다 못한 일부 학생들은 스스로 목숨을 끊기도 합니다. 왕따 문제는 이제 교실을 넘어 직장으로, 다시 사회 전반으로 광범위하게 확산됐습니다. 그런데도 지도층은 물론 재벌이나 학자들도 이 문제에 대해선 속수무책입니다. 제발 우리 자식, 우리 손자들만은 그 덫에 걸리지 말았으면 하고 전전긍긍하는 게 고작입니다.

"중학생인 딸과 아들이 학교에서 왕따를 당하고 있습니다. 애들에게 맞기도 합니다. 어떡하면 좋을까요?"

학부모가 애가 타서 물어봅니다. 왕따 피해를 당한 가정은 생각보다 더 광범위합니다. 학생들의 세계는 좋건 나쁘건 그들만의 문화와 풍토가 있습니다. 고관대작이나 유명인의 자식들이라고 봐주지도 않습니다.

"자식이 그렇게 왕따를 당하면 누가 더 아프고 괴롭습니까? 자식입니까, 부모입니까? 당하는 자식도 괴롭겠지만 지켜보는 부모가 훨씬 더 가슴이 아픕니다. 무슨 일이든지 아프고 괴로운 쪽이 잘못한 것입니다."

정법은 왕따를 이렇게 진단했습니다. 부모가 잘못했기에 자식이 왕따의 희생양이 되어 부모를 교육한다는 것입니다. 그렇다면 부모의 잘못은 과연 무엇일까요? 자녀가 잘못을 범했을 때 사랑의 매를 들어 교육하지 않고 그대로 방치한 것입니다. 부모가 자녀교육을 외면하면 대자연이 직접 개입합니다. 학교에서 왕따를 당해 괴롭게 만들고, 학교 폭력을 당해 고통스럽게 만듭니다. 부모가 가하는 사랑의 매질보다 훨씬 더 거칠고 난폭한 응징입니다. 그렇기에 부모의 마음이 찢어지게 아픈 것입니다.

대자연의 이런 징벌을 받고서도 반성하거나 정신 차리지 않으면, 그것도 모자라 가해자를 원망하거나 미워하는데 급급하면 처벌의 강도가 더 악화됩니다. 성인이 되어서도 직장에서 왕따를 당하거나 동네 깡패들에게 걸려 초죽음이 되도록 얻어터집니다.

그러면 폭력을 휘두르는 자는 어떤 자들일까요? 집에서 맞으며 자란 아이들입니다. 과도하게 얻어맞은 분풀이를 남에게 하는 것입니다. 얻어맞을 인간과 때리는 인간의 인연은 이렇게 연결이 됩니다.

자녀들이 손님 많은 식당에서 고래고래 고함을 지르며 뛰어다녀도 귀엽다는 듯이 지켜만 보는 부모, 혹여 다른 손님이 애들을 꾸중하면 도리어 눈을 부라리며 대드는 부모, 그 자식은 나중에 확실하게 왕따가 될 것입니다. 동급생들에게 얻어맞게 될 것입니다. 딸자식이 귀엽다고 어떤 잘못도 나무라지 않고, 손에 물 한 방울 묻히지 않고 귀하게 키웠다고 자랑하는 부모, 그 딸은 나중에 시집가서 남편에게 매질을 당할 것입니다.

"자신의 허물을 돌아보고 반성하십시오. 자신의 질량을 키우십시오. 100일만 공부하면 모든 것이 달라집니다. 부모의 아픈 마음도 치유가 되고 자식들도 왕따에서 벗어나게 됩니다."

자식이 왕따를 당하면 부모는 피눈물을 삼키더라도 먼저 자신의 잘못을 반성하고 그걸 고쳐야만 합니다. 또 자기 가정의 왕따 문제를 해결했다면 같은 문제로 고통받고 있는 주변의 다른 사람들에게도 그 길을 알려주어야 합니다.

4-4

자녀 교육은 3대7의 법칙대로

인성 180도 바꾸기

'우리는 왕족도 아니면서 자식들을 왕자나 공주로 키우고 말았다.'

대학 동기들 밴드에 누군가 올린 글이 큰 반향을 일으켰습니다. 많은 동기들이 그런 잘못을 범했다고 인정했습니다. 다소 자학적이고 시니컬한 반응도 있었습니다.

'우리가 다시 군대에 가자. 그렇게라도 죗값을 치르자. 군대조차 겁내고 싫어하는 애들을 만들었으니 우리가 대신 가는 게 맞다. 우리는 살 만큼 살았으니 전쟁 나서 죽어도 덜 억울하다. 군대는 눈치밥인데 눈치 하나는 우리가 더 낫지 않겠냐?'

한때 캔디 빠빠란 말이 유행한 적이 있었습니다. 뭐든지 오냐, 오냐 하면서 캔디처럼 달콤하게 대해주는 아빠를 말합니다. 또 자녀들과 친구처럼 지내야 한다는 주장도 있었습니다. 하지만 정법은 이런 유의 자녀 교육론에 단호하게 쐐기를 박습니다. 나이에 따라 단계적으로 교육방법이 달라져야 한다는 것입니다.

"먼저 자녀가 7살이 될 때까진 부모가 100% 전권을 갖고 이끌어야 합니다. 아이는 스펀지처럼 부모의 가르침을 흡수합니다. 그러나 8살부터 14살까지는 방법이 달라져야 합니다. 이때는 70%까지만 부모가 자신의 방식으로 자녀를 이끌고 나머지 30% 영역은 자녀와 의논해서 결정해야 합니다. 자녀가 15살부터 21살까지는 다시 비율이 달라집니다. 30%까지만 부모가 이끌고 나머지 70%는 자녀와 의논해서 결정합니다. 물론 15살이 되자마자 바로 70%까지 협의하라는 게 아닙니다. 나이를 먹을수록 단계적으로 비율을 늘려 21살이 됐을 때 70%에 이르도록 하는 것입니다. 22살이 되면 부모가 더 이상 자녀에게 간섭하면 안 됩니다. 자신의 문제를 스스로 결정하게 100% 위임을 해야 합니다. 부모는 지켜보기만 하되 자녀가 몰라서 물으면 성심성의껏 조언을 해줘야 합니다."

자녀교육에도 3대 7의 법칙을 적용하라는 게 정법의 처방입니다. 부모가 이런 식으로 자식을 교육하면 그 자식들은 절대 잘못되지 않습니다. 학교에서 왕따의 희생양이 되지도 않습니다.

또 하나 유념할 점은 자식의 그릇을 정확하게 인지해야 한다는 것입니다. 대자연은 사람에 대해서도 상 · 중 · 하 3등급으로 기량을 나누었습니다. 이건 부모들에게도 당연히 해당됩니다. 그렇기에 상급의 인재는 상급의 영역에서 빛나게, 하급의 인재는 하급의 영역에서 빛나게 살도록 지도하는 게 무엇보다 중요합니다.

'우리는 왕족도 아니면서 자식들을 왕족으로 키웠다.'

대학 동기의 저 한탄은 정법의 관점에서 보더라도 정확한 평가입니다. 무수리를 공주로 착각해 공주처럼 키워버리면 공주는 고사하고 무수리가 갖춰야할 품성이나 기능조차 익히지 못합니다. 타고난 바탕이 아니라면 아무리 애를 써도 공주가 못됩니다. 공주도 못되고 무수리도 안 되는, 어디에도 쓸 수 없는 불량품만 나올 뿐입니다. 반면에 무수리로 빛나게 키웠다면 공주는 물론 제왕까지 그녀를 극히 존중하면서 믿고 의지하게 됩니다. 자기 그릇에 맞게 최대한 빛내는 것, 그것이 교육의 핵심입니다.

4-5

내 아들, 내 딸...
국적불명 호칭이 산후풍 부른다

인성 180도 바꾸기

산후풍은 우리나라 여성들만이 겪는 특이한 질병입니다. 온몸의 뼈마디가 쑤시는 것처럼 아프지만 병원에서 아무리 치료를 받아도 낫지 않는 특수한 질병입니다. 반면에 외국의 여성들은 출산을 했더라도 저런 고통을 받지는 않습니다. 왜 이런 특수한 질병이 우리에게만 발병하는 것일까요?

정법은 자식은 내 자식이 아니라 자연의 자식이라고 알려줍니다. 부모는 자식의 몸을 만들었을 뿐입니다. 자식이 산모의 몸에서 나온 직후 그 몸의 6천6혈을 뚫고 영혼이 차고 들어가는 작업은 대자연이 합니다. 아기가 출산 직후에 기를 쓰면서 우는 것은 영혼이 자기 몸에 치고 들어올 때의 충격 때문에 비명을 내지르는 것입니다. 또 영혼이 아기 몸속에 들어와야만 비로소 짐승이 아닌 인간으로 완성됩니다. 이런 섭리를 모르는 산모가 자신이 자식을 낳았다고 착각해 '내 아들, 내 딸'이라 생각하고 그렇게 부르면 예외 없이 대자연의 응징을 받게 됩니다. '내 아들, 내 딸'이 아니라 대자연과 합작으로 만든 '우리 아들, 우리 딸'입니다.

대자연은 출산 이후 21일까지 기다려 줍니다. 이 기간이 지나도 산모가 아기는 우리의 자식이라는 걸 인정하지 않으면 출산 시에 열렸던 뼈마디를 닫아주지 않고 손을 떼버립니다. 그래서 산후통이 시작됩니다.

의료계는 이런 원리를 잘 모르기에 산후풍을 완치시킬 수 없습니다. 그렇기에 산모는 장기간 뼈마디가 쑤시는 통증에 시달리고 의료진도 무력감에 빠집니다. 옛날에는 산후풍을 고치기 위해 자식을 산과 들, 부처님께 팔거나 다른 자식을 하나 더 낳기도 했습니다. 다들 답답해서 그랬겠지만 역시 맞지 않는 해법입니다. 자식을 하나 더 낳더라도 내 자식을 고집하면 산후통만 두 배로 더 악화될 뿐입니다.

그럼 외국의 여성들은 괜찮은데 왜 우리나라 여성들만 산후풍에 시달리는 것일까요? 그건 땅의 속성이 다르기 때문입니다. 한반도는 지구의 뿌리입니다. 중국은 줄기, 영미나 나머지 나라들은 가지나 잎에 해당됩니다. 바로 이런 차이, 즉 뿌리민족이기 때문에 한민족은 다른 민족과는 판이하게 다른 특성들이 많습니다. 필사적으로 대를 잇고 제사를 극진히 모신 것도 저런 특성에서 비롯된 문화입니다. 산후풍도 그중의 하나입니다. 하지만 한민족이라 하더라도 자식의 의미만 제대로 깨치고 자신의 마인드를 바꾸면 산후풍은 저절로 낫게 됩니다.

'내 아들, 내 딸.'

산모를 반쯤 죽이고 자식의 앞길을 망치는 미련한 워딩입니다. '우리 아들, 우리 딸'이라고 불러야만 하늘의 보살핌을 받아 자식들이 제대로 성장하게 됩니다. 이것은 다른 가족관계에도 그대로 적용이 됩니다.

'내 아내, 내 남편', 이런 식의 호칭을 계속하면 언젠가는 아내나 남편을 남에게 뺏기게 됩니다. 제 것도 아닌 걸 제 것이라고 우겼기 때문입니다. 내 엄마, 내 아버지도 마찬가집니다. 어설프게 영어 소유격을 익힌 자들이 자기와 가족들을 세트로 망치는 것입니다.

정법은 품안의 자식이라는 말이 맞다고 인정합니다. 37은 21, 21세까지만 부모가 직접 길러주고 그 이후에는 자식을 사회로 돌려줘야 한다고 일깨워줍니다. 물론 그건 집 밖으로 쫓아내라는 얘기가 아닙니다. 한 사람의 어엿한 사회인으로 대우하라는 것입니다. 무슨 일이든지 의논해서 처리하고, 의견이 맞지 않으면 그 일은 하지 말라는 것입니다.

만약 자식이 부모의 말을 듣지 않거나 사사건건 충돌만 일으킨다면 그때는 바로 집에서 내보내야 합니다. 그건 다른 가족들도 마찬가집니다. 부모가 짜증을 내면 부모를 찾지 말아야 합니다. 형제가 불편해 하면 바로 떠나야 합니다. 자식을 바로 내보낼 수 없는 상황인데도 말을 듣지 않으면 부모가 먼저 묵언을 해야 합니다. 부모가 빨리 자신의 일을 찾아 거기에 전념하면서 자식은 그냥 내버려두는 겁니다. 물론 자식의 인사말에 답하는 것은 묵언에 포함이 됩니다. 묵언이랍시고 그것조차 안하는 건 미련한 짓입니다. 부모가 묵언 모드에 들어가면 머지않아 자식이 정신을 차리고 제 자리로 돌아옵니다.

4-6

가정은 원수 사랑의 실천도장

인성 180도 바꾸기

"원수를 사랑하라."

기독교의 이 교리를 들으면 사람들은 질려버립니다. 성스러운 아포리즘이지만 실천을 하기엔 엄두가 안 나기 때문입니다. 하지만 전생 최고의 원수가 부모자식으로, 두 번째 원수가 부부로 만난다고 생각하면 상황은 많이 달라집니다. 부모자식이나 부부 사이라면 우리도 서로 사랑할 수 있습니다. 그들의 본질이 원수였다면 결과적으로 원수사랑을 실천하는 셈입니다.

정법에선 부모, 자식 간의 부채가 3대 7의 비율이라고 합니다. 자식이 3, 부모가 7의 빚이 있습니다. 그렇기에 세상의 부모들은 자식 앞에 쩔쩔 맵니다. 여기엔 천하의 권력자도, 대재벌도 예외가 없습니다. 자식은 부모에게 빚쟁이처럼 큰 소리를 탕탕

칩니다.

"엄마가 내게 해준 게 뭐 있어?"

부채 청산을 제대로 하지 않았다는 항변입니다. 이걸 무시하고 계속 방치하면 나중에는 자신이 작살나게 됩니다. 반면에 자식을 잘 가르치고 세상에서 빛나게 살도록 키웠다면 부채를 깔끔하게 청산한 것입니다. 이런 사람들은 나중에 인생 졸업도 아주 가볍게 합니다. 그 이전엔 자식이 자기 부채 3을 청산하기 시작합니다. 세상에선 그걸 효도라고 부릅니다.

"저 웬수들!"

가족 간의 갈등에 지치면 저절로 이런 한탄이 나옵니다. 본인은 몰라도 자신의 무의식은 가족의 본질을 정확하게 인지하고 있다는 반증입니다. 겉보기엔 남부러울 것 없는 가정도 문풍지를 열고 들여다보면 저마다 문제들을 갖고 있습니다.

고딩 딸과의 갈등이 극에 달했던 전직 여성 국회의원은 교육방송이 주선한 중국 화해여행을 떠났습니다. 고딩 딸은 여행 중에도 말과 행동으로 그녀를 가차 없이 공격했습니다. 그녀는 울면서 지난날을 아프게 후회했습니다.

"딸을 낳았을 때 제가 시민단체를 그만두고 정치도 안했어야 했어요."

엄마와 딸은 여행을 이어가면서 서서히 속내를 털어놓았습니다. 딸은 국내 학교에 적응을 못한다는 이유로 자신을 싱가폴 중학교에 유학 보낸 엄마에게 버림받았다는 생각이 많았습니다. 엄마는 50이 넘은 자신이 아직도 엄마 품속에 있는 것처럼 딸자식 또한 자기 품에서 저러는 것이라며 꼭 껴안아 주었습니다. 그러자 메이크업을 잘하는 딸은 엄마를 침대에 앉혀놓고 화장을 해 주었습니다.

같은 방송에 나왔던 여성 탤런트 모자간도 사연이 만만치 않았습니다. 재혼한 어머니는 따로 사는 아들 때문에 고민이 많았습니다. 아들은 미국에서 대학 1년을 마치고 귀국해 특수부대에서 군복무를 마쳤지만 복학을 하지 않은 채 연락을 끊어버렸습니다. 여행지에서 아들은 소재지를 묻는 엄마에게 어떤 지방도시의 극단에서 연극을 하고 있다고 털어놓았습니다. 엄마는 허탈하게 웃었습니다. 입으론 웃지만 눈으론 울고 있는 착잡한 표정이었습니다.

"엄마가 그 세계를 너무 잘 알잖아. 남들이야 연극에서 연기력 탄탄하게 다지면 방송에도 스카웃되고 스타도 될 수 있다고 쉽게 말하지. 하지만 그렇게 되는 사람은 천에 하나, 만에 하나밖에 없어. 나머지는 한 달에 4-50만원 수입으로 살아. 대학 마치고 좀 안정된 인생을 살아갈 수 없겠어?"

아들은 고개를 가로 저었습니다. 너무 하고 싶다는 것이었습니다. 연극을 할 때 비로소 살아있는 것 같다고 말했습니다. 모자는 끝내 서로를 설득하지는 못했습니다. 하지만 여행의 말미에 서로 포옹하며 시간을 두고 좀 더 생각해보자고 다독였습니다.

부모, 자식이 과연 전생 최고의 원수들인지 여부를 과학적으로 입증하기는 어렵습니다. 그러나 인성과 인성이 격하게 충돌하는 관계임에는 틀림이 없습니다. 우리는 가정이라는 무대 속에서 때로는 부딪히고 때로는 껴안으며 원수 사랑을 실천하는 셈입니다. 그런 노력을 통해 서로간의 빚 고리가 청산되면 인연을 넘어 진정한 가족이 될 것입니다.

자식을 키우는 기쁨은 재롱을 부리는 어린 시절의 몇 년간. 그 시기를 넘어서면 육아 및 자녀교육은 결코 간단치 않은 과제입니다. 사회적으로 엄청난 성공을 거두었지만 자녀 교육에는 실패해 애간장을 태우는 부모도 적지는 않을 것입니다. 하지만 늦더라도 지금부터, 다시 시작할 의지만 있다면 잘못을 교정할 기회는 언제나 있습니다. 3대7의 법칙만 유념하면 부모, 자식 간의 갈등은 서서히 풀려나갈 것입니다.

4-7

궁합이 헷갈리게 나오면

사랑하는 남녀가 있었습니다. 결혼을 하고 싶은데 궁합이 앞을 막습니다. 여기선 좋다 그러는데 저기선 안 좋다 그럽니다. 심할 경우 결혼하면 과부나 홀아비가 된다고 합니다. 어떡하지? 말로는 사랑한다고 했지만 궁합이 아주 안 좋게 나오면 은근히 걱정 모드로 바뀝니다. 애써 떨쳐버리려고 하지만 마음 한 구석엔 찜찜한 기분이 남아 있습니다. 당사자도 그렇지만 부모들은 더 걱정스럽고 애가 탑니다.

결론부터 말씀 드리면 궁합 한마디에 휘청거릴 정도면 그런 결혼은 안하는 게 좋습니다. 궁합에 흔들리는 건 인성 자체가 그만큼 허약하다는 반증입니다. 결혼을 해본들 언젠가는 깨질 가능성이 90% 이상입니다.

2천13년부터 시작된 후천에선 그 이전의 선천에 비해 패러다임이 180도 달라졌습니다. 후천에선 궁합이 더 이상 먹혀들지 않습니다. 사주, 팔자도 마찬가집니다. 후천은 인간이 중심이 되어 꾸려가는 인본시대이기 때문입니다. 선천은 신이 주도하는 시대였기에 사주팔자나 궁합 등이 많이 맞았습니다.

그렇다면 후천에선 남녀가 결혼할 때 무엇을 기준으로 해야 할까요? 서로 말이 통해야 합니다. 이것이 가장 중요한 기준입니다. 말이 안 통하는 이성과 결혼하면 100% 헤어집니다. 남자가 아무리 권세 높고 돈이 많아본들, 여자가 제아무리 재색을 겸비해본들 피할 길이 없습니다. 남녀가 서로 말이 통하려면 무엇보다 이념이 맞아야 합니다. 추구하는 가치관이 일치해야 합니다. 그렇게만 되면 남녀는 부부가 되어 서로가 서로에게 부족한 걸 채워주고 시너지 효과를 키워 나갑니다. 또 그렇게 했을 때 전생의 빚 고리도 말끔히 청산하고 사후에는 하나님도 갈라놓을 수 없는 진정한 인연으로 승격됩니다.

'서로가 서로에게 빚을 갚아라.'

이것이 결혼에 내포된 진짜 의미입니다. 사랑하니까 결혼한다? 그건 드라마에서 시청률 높이려고 설정한 도그마입니다. 아무리 많은 사람이 거기에 동의하더라도 도그마는 도그마입니다. 남녀 간의 사랑은 말이 좋아 사랑이지 냉철하게 말하면 욕정 플러스 알파에 불과합니다. 진정한 사랑이라면 어떻게 권태기가 오고, 어떻게 배우자 몰래 바람을 피우고, 어떻게 걸핏하면 이혼할 수 있습니까?

시대가 파격적으로 변했습니다. 파격적인 시대를 살아가려면 인성 또한 파격적으로 바뀌어야만 합니다. 궁합에 연연할 정도의 인성으론 이런 시대를 헤쳐나가기에 역부족입니다.

만약 연정을 품은 남녀가 있다면 결혼 이전에 먼저 각자의 질량부터 키워야 합니다. 영혼의 질량을 키울 수 있는 가장 효과적인 방법이 정법강의를 듣는 것입니다. 정법은 일반지식이 아니라 본질지식을 다룬 것이기에 100일만 공부하면 분별력이 근본적으로 달라집니다. 그걸 통해 서로의 이념이 맞는지, 상대를 생각하는 자신의 마음이 진짜인지 가짜인지 지혜롭게 구분할 수 있습니다. 궁합 중의 궁합, 진정한 궁합은 서로 간의 이념이 일치하는 것입니다.

4-8

제사는 폐지해야 한다

인성 180도 바꾸기

제사를 지내야 하나, 말아야 하나? 아직도 많은 가정에서 명절만 되면 이 문제로 고민합니다. 제사를 지내더라도 그에 따른 갈등이 간단치 않습니다. 남녀가 충돌하고 세대가 부딪히면서 인성의 곤혹스런 시험장이 되고 있습니다.

"제상 준비를 왜 여자들만 다해야 하나?"

"시댁에 먼저 가나, 처가에 먼저 가나?"

사소한 문제 같지만 생활 실전에선 폭발성이 강한 지뢰입니다. 가정은 아주 특수한 조직입니다. 남녀가 공존하고 아날로그와 디지털이 섞여 있습니다. 그렇기에 이런 문제를 잘못 풀면 이혼사태를 비롯해 후폭풍이 간단치 않을 수 있습니다.

인성교육을 가장 중시하는 정법은 제사 문제를 근본적으로 해결하는 새로운 패러다임을 제시했습니다. 결론부터 정리하면 다음과 같습니다.

1. 제사를 폐지하라.
2. 산소를 점진적으로 파묘하고 성묘를 없애라.

이렇게 가르치는 이유는 명확합니다. 선천과 후천의 인간 역할이 확연하게 달라졌기 때문입니다. 2천12년 동지까지 이어진 선천엔 혈통보존이 지상과제였습니다. 성장하고 발전하지만 모순도 양산되는 시기가 선천입니다. 그렇기에 제사를 모시고 조상과 후손이 힘을 합쳐야만 그 과업을 달성할 수 있었습니다. 그래서 집집마다 목숨 걸고 대를 이었습니다. 국제결혼은 용납되지 않았습니다. 또 눈에 흙이 들어가도 이혼을 허락하지 않았습니다.

하지만 베이비부머의 막내세대인 63년 토끼띠들이 50줄에 접어든 2천13년부터는 후천이 시작됐습니다. 후천은 선천과는 달리 융합을 도모하며 모순을 정리하는 인본시대입니다. 하늘과 땅을 넘어 인간이 중심이 되기에 패러다임 자체가 180도 달라지게 됩니다.

우선 차원계에 있는 조상들의 입장에선 자신을 닦아 윤회의 기회를 만들어야 합니다. 윤회를 통해 인간의 몸을 다시 받아 자신의 영혼을 완성시켜야 합니다. 후천은 완성이 가능한 시대이기 때문입니다. 그런데 후손들이 조상을 산소에 묶어놓고 제사를 지내면 그 인연에 묶여 윤회의 길이 막혀버립니다. 그렇기에 후천엔 산소를 쓰지 말고 제사도 지내지 말라고 하는 것입니다. 패러다임이 이렇게 변했기에 후천에선 산소를 쓰고 제사를 지내면 후손들이 도리어 화를 당하게 됩니다.

또 한민족에 부여됐던 혈통보존의 의무도 베이비부머들을 생산함으로써 끝이 났습니다. 베이비부머들은 후천을 선도하는 가장 진화된 인간으로 만들어졌기에 더 이상은 혈통보존이 필요 없어졌다는 것입니다. 그렇기에 앞으로는 국제결혼도 괜찮고 뜻이 안 맞으면 이혼해도 상관이 없습니다.

선천과 후천의 패러다임은 이렇게 180도 다릅니다. 선천은 신이 시대를 주도하며 인간을 이끌지만, 후천은 인간이 중심이 되어 신을 이끌기 때문입니다. 그렇다면 인성도 당연히 180도 달라져야 합니다. 조금 개선되는 게 아니라 180도 달라져야 합니다. 후천의 시대변화에 맞게 근본적으로 바뀌어야 합니다. 조상숭배를 내세워 가족 간의 불필요한 다툼을 방치할 이유가 없습니다. 제사를 폐지해 인성의 불필요한 균열을 예방하는 게 시대정신에 부응하는 지혜로운 대응입니다.

4-9

자살자는 사후에 더 해를 끼친다

인성 180도 바꾸기

이른바 보릿고개를 겪었던 60, 70년대에는 자살자가 별로 없었습니다. 끼니를 굶고 생활고에 시달리면서도, 배운 게 없어 무식하면서도 다들 악착같이 살아냈습니다. 반면에 먹고 살기가 괜찮아지고 가방끈이 대폭 길어진 90년대 이후부터는 자살자가 급속도로 늘어나기 시작했습니다. 정법은 앞으로 지식과 경험의 절정에 이른 50대에서 자살자가 가장 많이 나올 것으로 예측합니다.

기본적인 의식주가 해결되면 사람은 추구할 이상이 없을 때 자살을 선택합니다. 한민족은 기초적인 빵 문제만 해결되면 드높은 이상을 추구하는 특성이 있기에 자살자가 특히 많습니다. 무식자가 아닌 지식인들은 이상이 가로막히거나 살아갈 희망을 잃어버리면 비굴하게 사느니 차라리 목숨을 던져버립니다. 그렇기에 자살문제의 핵심은 자살로 내모는 환경이지 개개인의 내적 성향이 아닙니다. 국가적인 비전, 사회적인 목표, 가정적인 희망, 개인적인 소망의 상실 등을 분석하지 않고 자살자 개인에게만 그 이유를 따지는 것은 본말이 전도된 접근입니다.

그렇다면 개인의 자살을 왜 막아야 하는 것일까요? 정법은 자살자가 죽은 이후에 더 많은 해악을 끼친다고 설명합니다. 자살자는 사후에 좋은 곳에 가지 못한 채 구천을 떠돌며 헤매게 됩니다. 살아생전에 헤매다가 스스로 목숨을 끊었기에 죽은 이후에도 그렇게 될 수밖에 없다는 것입니다. 이런 영혼들은 여차하면 가족에게 달라붙어 '죽자, 죽자'고 꼬드이며 자살을 독려합니다. 친구나 지인들은 물론 생면부지의 사람들에게도 그렇게 합니다. 자살한 집안이나 그 주변에서 자살이 꼬리를 무는 것은 바로 이런 이유 때문입니다.

어떻게 그럴 수가 있나? 내가 살아생전에 그 사람에게 얼마나 잘해 줬는데? 산 사람들의 이런 반문은 적어도 자살한 영혼에겐 통하지 않습니다. 사람이 죽으면 몸과 마음이 없어지고 영혼만 남습니다. 영혼은 오직 집착의 힘으로만 움직입니다. 그렇기에 영혼은 극히 단순하고 인간적인 시비분별을 하지 않습니다.

자살자들이 보이지 않게 가하는 이런 해악을 막으려면 저마다 영혼의 질량을 키우는 수밖에 없습니다. 정법의 100일 인성공부는 영혼의 질량을 키워주는 콘텐츠로 채워져 있습니다. 그것을 100일만 공부하면 그 위력을 스스로 체감할 수 있습니다. 자신도 모르는 사이에 질량이 커져 뱃심이 두둑해집니다. 겁이 별로 안 납니다. 그렇게 자신의 질량이 커지면 탁한 영혼들은 저절로 물러가게 됩니다. 그런 바탕에서 주변의 사람들과 소통을 잘하고, 일상을 즐겁게 살아가면 더 이상 탁한 영혼들이 침범하지 못합니다. 자신의 인성을 가다듬어 널리 인간을 이롭게 하며 공적으로 사는 건 탁기들을 물리치는 가장 근본적인 해법입니다.

세상에선 그동안 종교가 이런 역할을 해야만 했었습니다. 하지만 종교는 세속적인 세력을 키우는데 급급해 인성교육을 소홀히 했습니다. 이제는 사람들의 질량이 종교의 역량을 능가해버렸습니다. 신도들은 아직도 종교에 대한 신뢰를 완전히 거두지는 않고 있지만 종교의 가르침을 통해 마음의 평온을 찾는 사람들은 점점 더 줄어들고 있습니다. 늦었지만 지금부터라도 종교는 자체적인 역량을 더 키워 사람들의 인성을 바르게 이끌어주는 역할에 더 충실해야 합니다.

Chapter

5

인간관계 뉴패러다임

5-1

쫓겨난 자들은 허세를 버려라

인성 180도 바꾸기

산티아고 700킬로 순례, 이게 왠지 대단하게 들리십니까? 동안거 100일 공부, 이것도 꽤 있어 보이십니까? 그럼 장좌불와에 면벽 10년은 아예 거룩하게 보이십니까?

"세상의 안락한 환경을 다 뿌리치고 나를 찾기 위해 수행을 합니다."

수행자들이 종종 내뱉는 이 말은 세상을 속이고 자신마저 속이는 언어도단입니다. 나를 찾기 위해 수행을 한다고? 정법은 새빨간 거짓말이라고 단정합니다. 수행을 한다는 것은 남들과 융합하지 못해 세상에서 쫓겨난 결과일 뿐입니다. 수행은 세상을 잘못 산 대가로 기합을 받는 것입니다.

100일 공부를 하면서 이 법문을 들었을 때는 흠칫 놀랐습니다. 생각조차 못했던 자신의 치부를 통렬하게 까발린 것 같았습니다. 마음공부를 오래 했다는 은근한 자긍심이 휘청했습니다. 정법은 이런 식의 치기에 대해 가차 없이 응징을 가했습니다.

"신통치도 않은 주제에 자기 주장이 강한 자, 걸핏하면 아는 체, 잘난 체를 하는 자는 남들에게 배척받습니다. 고집불통은 세상의 해충들이기에 저절로 세상에서 쫓겨나게 됩니다. 세상에서 쫓겨나 절간이나 교회, 도판에 간다한들 그곳 역시 사람 사는 곳입니다. 거기서도 고집을 버리지 못하면 다시 혼자 사는 토굴로 쫓겨갈 수밖에 없습니다."

그렇다면 정법에선 깨달음을 무엇이라고 보는 것일까요? 내가 얼마나 바보인지, 내가 얼마나 등신인지를 아는 게 깨달음이라고 합니다. 그건 정법의 진정 스승님이 몸소 절감했던 바입니다. 30대 초반에 극심한 사기를 연속으로 당하고 인간들을 원망하며 죽으려고 산에 들어갔다가 비로소 자각했던 사실입니다. 그랬기에 그는 계곡의 쓰레기를 치우고 사람들과 눈도 마주치지 않으며 17년간 벙어리로 살았습니다. 그 바탕에서 탄생한 것이 정법이기에 뜬구름 잡는 상념 따위를 아예 용납하지 않습니다.

그렇다면 수행은 무엇일까요? 자신이 얼마나 못났는지를 깨달았으면 그 모순을 고쳐나가는 게 수행입니다. 그것을 실천하는 도장은 일상의 생활현장입니다. 그렇기에 정법은 당연히 '생활도'가 될 수밖에 없습니다. 공허한 고담준론은 결코 바른 법이 아닙니다.

"천하에 못난 자, 세상에 이바지한 게 전혀 없는 자들이 하는 짓이 수행입니다. 그런 주제에 수행 자체를 미화하거나, 깨달음을 얻겠다는 탐욕을 부리거나, 여전히 제 잘났다고 고집을 부리면 대자연은 그에게 철퇴를 내릴 것입니다."

법리가 이토록 엄정하기에 정법을 공부하면 단기간에 분별력이 높아집니다. 관점이 파격적으로 달라집니다. 건강을 비롯해 일상사의 크고 문제들이 이상할 정도로 잘 풀려나갑니다. 하지만 이 지점이 바로 함정이기도 합니다. 분별력이 높아지면 다른 사람을 우습게 보는 교만이 또 싹트기 시작합니다. 고승대덕도 우습게 보이고 성현의 가르침도 빈약하게 느껴집니다. 여기서 다시 자신을 성찰하지 않으면 어떻게 될까요? 자신이 아직 많이 멀었다는 걸 온 세상에 광고하게 됩니다. 사람들의 비웃음을 사기에 딱 좋습니다.

겸손하지 않으면 정법이 아닙니다. 겸손을 잃으면 대자연은 다시 그 사람을 버립니다. 남 탓하고, 잘난 척하고, 고집 부리다가 겪었던 불운이 다시 자신에게 돌아옵니다. 그렇기에 정법의 행동강령은 심플하게 하나로 압축됩니다.

"지극히 겸손하라."

작은 불행은 1박2일간 겸손하면 풀립니다. 좀 더 큰 불행은 7일, 그보다 더 큰 불행은 21일, 그 이상의 불행은 100일, 중대한 불행은 3년을 겸손해야 풀린다고 정법은 설명합니다. 그래야만 자기 본연의 에너지를 회복한다는 것입니다. 겸손하지 않으면 바른 인성이 아닙니다. 입에서 지혜의 말씀을 철철 쏟아내도 겸손하지 않다면 허사일 뿐입니다.

다만 겸손과 낮춤은 분명히 구분이 되어야 합니다. 보통 하심으로 불리우는 낮춤은 높은 사람이 표면적으로 자신을 낮추는 겁니다. 억지로 그렇게 하는 작위적인 행위입니다. 이건 언제든지 거만으로 돌아갈 위험성을 내포하고 있습니다. 반면에 겸손은 자신에 대한 자긍심을 갖되 상대를 있는 그대로, 존엄한 인간으로 대하는 것입니다.

5-2

먼저 인맥을 100% 다이어트한다

인성 180도 바꾸기

'성공의 85%는 인간관계에 의해 결정된다. 기술적 지식이 차지하는 비중은 15%에 불과하다.'

미국의 카네기 공대가 졸업생을 대상으로 조사해 발표했던 내용입니다. 이 조사결과는 매스컴을 통해 널리 알려졌고 이제는 거의 상식이 됐습니다. 카네기 연구소를 비롯해 전 세계의 성공학 연구소나 멘토들은 이 비율을 금과옥조처럼 받들어 인간관계의 중요성을 지속적으로 강조했습니다. 또 그에 필요한 행동지침도 숱하게 많이 만들어 사람들을 가르쳤습니다.

하지만 그렇다고 해서 인간관계가 얼마나 더 좋아졌나요? 그걸 배운 사람들은 더 원만해지고 더 많이 성공했나요? 반평생을 방송기자로 재직하면서 수많은 사람들을 상대했지만 인간관계는 늘 어려웠습니다. 인간을 다룬 책을 많이 읽고 심지어 마음공부를 17년간이나 하고서도 그랬습니다. 물론 일차적인 원인은 제 미욱함입니다. 하지만 그걸 인정한다 치더라도 대부분의 사람들이 여전히 인간관계 때문에 괴로워한다면 저 이론과 방법론에 문제가 있지는 않을까? 그런 의문을 갖는 게 더 타당합니다.

100일 공부를 하면서 가장 참신하게, 그러면서도 파격적으로 다가왔던 게 바로 이 부분이었습니다. 그럼 정법에선 이 문제를 어떻게 풀었을까요?

"인맥을 100% 다이어트 하라!"

바로 이것입니다. 기존의 이론이나 방법론과는 180도 다른 접근법입니다. 인간관계를 좋게 하려고 애를 쓰면서 노심초사하는 게 기존의 방법론입니다. 반면에 정법은 인간관계를 싹 다 잘라버리라고 합니다. 인맥이라고 생각했던 게 다 가짜라고 했습니다. 다이어트 정도가 아니라 아예 대패질을 하라고 했습니다.

과연. 내심 감탄하며 그대로 실천했습니다. 학연, 혈연, 지연 등으로 얽히고설킨 인맥들을 100% 대청소를 해버렸습니다. 물론 혼자서 속으로 그렇게 했습니다. 그리고 모임이란 모임은 다 걸음을 끊었습니다. 그렇게 혼자가 되어 한결 많아진 시간에 정법 강의를 들었습니다. 낮에도 듣고 밤에도 들었습니다. 잘 때도 노트북에 강의를 켜둔 채 잠이 들었습니다. 처음엔 감탄하며 재미있게 들렸던 강의가 나중에는 비수처럼 아프게 가슴을 찔렀습니다. 주체할 수 없을 정도로 눈물이 쏟아진 적도 있었습니다. 그런 과정을 거치며 자신의 생각도 한뜸 한뜸 서서히 변해갔습니다.

그렇다면 정법은 한평생 독야청청 혼자 살라고 하는 건가요? 그렇지는 않습니다. 인맥을 100% 다이어트 하는 건 100일 공부에 요구하는 자세입니다. 공부가 웬만큼 수렴되면, 대략 7개월을 전후해 기존의 인연들을 다시 찾아보라고 권유합니다. 그러면 상대들의 진면목이 보이고 자신이 얼마나 달라졌는지도 알게 됩니다. 그 바탕에서 이어갈 인연은 더 탄탄하게 잇고, 버릴 인연은 미련 없이 정리하라는 것입니다.

100일 공부가 끝나면 대략 30% 정도의 옛 인연들이 저절로 정리가 됩니다. 만나선 안 될 사람들, 맺어선 안 될 인연들이 정돈된 것입니다. 인간관계에 집착해 무조건 숫자만 늘렸던 부분입니다. 그냥 좋은 게 좋다는 식으로 쌓기만 했던 부분입니다. 입지도 않으면서 장롱 속에 잔뜩 쌓아둔 헌 옷 같은 인연들입니다. 바로 이것 때문에 즐거워야 할 인간관계가 어렵고 힘든 것으로 변했습니다. 일상이 행복하게 발전하는 게 아니라 도리어 침체하고 퇴보했습니다. 저렇게 30%만 정리를 해도 인간관계에 대한 부담감이 획기적으로 줄어듭니다.

"싫은 사람은 만나지 마라."

"싫은 곳에는 가지를 마라."

정법의 입장은 이렇게 분명합니다. 혹시 그러다가 외톨이나 왕따가 되는 건 아닐까요? 살짝 걱정이 된다면 자신의 질량이 약한 겁니다. 그런 사람은 자신의 질량을 키우는 게 더 우선입니다. 은근히 겁에 질려 남들에게 비굴하게 매달리면 그 사람의 호구밖에 안됩니다.

정법은 좀 더 구체적인 해법도 제시합니다. 자신을 찾아와 어려움을 호소하는 사람에게 법을 전해주라는 것입니다. 그 방법도 간단합니다. 유튜브에서 정법강의를 찾아 현재 그 사람이 겪고 있는 현안을 키워드로 쳐서 그 강의를 찾아 듣도록 알려주기만 하면 됩니다. 30개만 들어도 관점이 달라지기 시작하고 100일 공부를 하면 스스로 문제를 해결할 수 있는 역량이 생깁니다. 어려울 때 그렇게 도움을 받은 사람은 자신의 든든한 인맥으로 자리 잡게 됩니다. 반면에 그런 길을 일러줘도 거부하는 사람은 자신의 인연이 아닙니다. 미련 갖지 말고 깔끔하게 정리해야 합니다. 만약에 마음이 약해 이러지도 저러지도 못한 채 그 인연에 끌려간다면 자신도 함께 망하게 됩니다.

5-3

아랫사람은 3대 3대 4로 대해야 한다

인성 180도 바꾸기

조직에서 보직을 맡거나 나이 들어 선배가 되면 불가피하게 아랫사람을 거느리게 됩니다. 그런데 이 아랫사람들을 제대로 리드하는 게 생각처럼 쉽지 않습니다. 공영방송사는 전통적으로 후배들을 존중하는 분위기가 있었습니다. 그렇다 보니 선배한테는 부담 없이 대들기도 하면서 후배들에겐 부당한 요구들도 제대로 거부하지 못하는 부작용이 있었습니다. 짐작하셨겠지만 그렇게 하면 끝이 안 좋습니다. 뒤통수를 맞았다, 정말 잘해줬는데 배신당했다, 이런 식의 쓰라린 한탄이 조직 곳곳에서 조용히 터져 나오기도 했습니다.

너무 엄하게 대하면 사기가 꺾이고, 오냐 오냐 하면 기어오르는 아랫사람들, 이들을 어떻게 대하는 게 정답일까요? 정법은 3

대 3대 4의 법칙을 적용해야 한다고 했습니다. 3대 7의 법칙을 좀 더 세분화한 것입니다. 먼저 30%는 인간적으로 따뜻하게 베풀고, 그 다음 30%는 예리하게 지적하고, 나머지 40%는 냉철하게 대해야 한다는 것이었습니다.

왜 이런 비율이 필요할까요? 윗사람의 역할은 기본적으로 아랫사람들을 성장하도록 도와주는 것이기 때문입니다. 100일 공부를 하면서 이 공식을 지난 날의 보직경험에 비추어 성찰하니 얼굴이 화끈해졌습니다. 잘 몰랐기도 했지만 저 비율을 제대로 지킨 적이 거의 없었습니다. 어떤 때는 헤프게 베풀기만 했고 어떤 때는 지나치게 엄하기만 했습니다. 냉철하기보다는 기분 내키는 대로 대한 날들이 압도적으로 많았습니다.

'내가 저렇게 아랫사람들을 잘못 대했던가?'

진한 회한이 밀려왔습니다. 아랫사람들의 장래에 도움이 되게 한다는 생각으로 행사했던 리더십이 사실은 그들을 더 망쳤다는 걸 자각했을 땐 가슴이 미어졌습니다. 기대했던 만큼의 최고 보직에 오르지 못한 것도 다 까닭이 있었다는 게 스스로 납득이 됐습니다.

가족처럼 잘 해줬는데 아랫사람이 어느 날 당신에게 배신을 때렸나요? 당신의 잘못입니다. 아랫사람은 당신의 혈육이나 가족이 아닙니다. 그런데도 가족처럼 대해주고 그들의 자생력을 꺾어버린 게 당신의 잘못입니다. 아랫사람이 뒤통수를 치는 건 그 잘못에 대한 응징입니다. 하늘을 대신해 당신의 잘못을 징벌하는 것입니다.

아랫사람을 예리하게 지적만 했거나 좋게만 대한 것도 마찬가집니다. 3대 3대 4의 비율을 어기면 예외 없이 대가를 치릅니다. 특히 지적을 하는 경우에는 좀 더 세심한 주의가 필요합니다. 아랫사람은 기본적으로 윗사람보다 30% 이상 질량이 떨어집니다. 질량이 비슷하다면 같이 맞먹지 아랫사람을 할 이유가 없습니다. 그렇기에 아랫사람들에게 강한 질책부터 먼저 하는 건 극히 조심해야 합니다. 그렇게 하면 아랫사람들이 기가 꺾여 의욕을 상실합니다. 그들이 내 기대치의 70%를 채우면 최상의 결과를 도출한 것입니다. 이때는 마음껏 칭찬해야 합니다. 반면에 30% 정도만 채웠다면 질책을 가해야 합니다. 다만 이 경우에도 그 사람이 잘한 부분을 먼저 칭찬한 뒤에 질책을 해야 소기의 효과를 거둘 수 있습니다. 그 사람은 상사의 칭찬에 기분이 상승돼 질책을 수용하고 분발할 수 있는 여력을 갖게 됩니다.

'10년만 더 일찍 이걸 알았더라면...'

정법을 공부하면서 수시로 이런 생각이 들었지만 아랫사람들에 대한 법문을 들을 땐 아쉬움이 더 진하게 밀려왔습니다. 조직에서 한창 리더십을 발휘해야 할 시점에 이걸 알았더라면 얼마나 좋았을까? 나도 좋고 그들도 좋고 서로 간에 아주 윈윈이 됐을텐데, 생각하면 할수록 더 애석합니다.

"머리 검은 짐승은 키우는 게 아니다."

윗사람들은 간혹 사석에서 또래 그룹들과 만나면 저런 소회를 토로하기도 합니다. 헌신적으로 지원하고 키웠던 아랫사람에게 배신을 당했다는 얘깁니다. 하지만 정법은 세상에 배신 같은 건 없다고 냉철하게 진단합니다.

“당신이 아랫사람에게 배신을 당했다고 느낀다면 당신의 처신이 잘못되었기에 그랬을 뿐입니다. 아랫사람에게 뭔가를 베풀 때 30% 이하로 베풀고 생색을 내면 그는 언젠가는 당신을 배신합니다. 반면에 그 사람에게 70%를 베풀었다면 그는 목에 칼이 들어와도 당신을 결코 배신하지 않습니다. 그 어떤 경우건 그들은 윗사람인 당신의 행태에 대해 정확하게 반응했을 뿐입니다. 그렇기에 세상에는 배신이란 게 없습니다.”

5-4

윗사람을 무시하면 인생길이 막힌다

인성 180도 바꾸기

사람이 맺는 인연은 크게 3등분으로 나뉩니다. 하위 40%는 자신의 말을 듣는 아랫사람들이고 그 위의 30%는 동반자 관계, 상위의 30%는 윗사람입니다.

아랫사람이 윗사람을 가르치려 든다면 망발입니다. 정법의 가르침이 아무리 옳고 바르다 해도 그걸 윗사람에게 일장훈시 하듯이 전한다면 무례의 극치입니다. 그런 짓을 하면 정법 아니라 정법 할애비라도 아무 소용이 없습니다. 윗사람은 노여워도 함부로 내색하지 않습니다. 그저 속으로 마음의 문을 닫아버릴 뿐입니다. 그렇게 되면 상대의 앞길은 꽉 막혀 버립니다. 그때부터는 아무리 용을 써도 자기 인생이 잘 풀리지 않습니다.

잘난 척이 심한 사람은 윗사람의 위력을 간과하기 쉽습니다.

얼핏 보면 꼰대 같고, 꿔다놓은 보릿자루 같고, 말솜씨도 어눌해 보입니다. 하지만 겉으로 드러난 그 외양만을 보고 윗사람에게 함부로 건방을 떤다면 게임 셋입니다. 윗사람이 돌아서는 건 태양이 빛을 거두는 것과 마찬가집니다.

동반자 관계인 30%에 대해서도 함부로 가르치려 들면 안 됩니다. 그들에겐 서로 의논하는 자세로 접근해야 합니다. 대하기 편하다고 동반자를 가르치듯 하면 그들 역시 등을 돌리고 떠납니다. 나머지 40%인 아랫사람들에겐 가르침을 적극 베풀어야 합니다. 그 사람들은 나의 관심과 조언이 많이 필요한 사람들입니다. 가르침을 기분 좋게 받아들입니다.

인성을 공부하는 사람들은 이런 비율을 명심해야 합니다. 욕심이 앞서 상대의 위상을 제대로 파악하지 못한 채 함부로 떠벌이면 결과적으로 돌이킬 수 없는 해악을 끼치고 맙니다. 윗사람의 말은 정법 그 이상입니다. 윗사람의 조언을 고맙고 비중 있게 받아들일 때 자신의 인생길도 비로소 좋게 풀리기 시작합니다.

만약에 윗사람이 나를 무시하면 어떻게 하면 좋을까요? 윗사람이 나를 무시하는 건 대부분의 경우 내가 실제로 기여한 것보다 더 나낸다고 보았기 때문입니다. 그럴 때는 내가 고개를 조금 숙이고 태도를 겸손하게 낮추어야 합니다. 그런데도 계속 무시하면 고개를 더 낮추어야 합니다. 두 번을 낮추어도 또 무시하면 더더욱 낮추면 됩니다. 세 차례에 걸쳐 내가 고개를 숙이고 태도를 낮추면 그 어떤 윗사람이라도 마음이 돌아서게 됩니다. 나에 대해 오해했다며 미안한 마음을 갖게 되고 어떤 형태로든 그 보상을 해주게 됩니다. 반면에 윗사람이면 다야? 이런 태도로 고개를 발딱 세우면 세운 그 만큼 상대의 칼날에 맞아 나가떨어지게 됩니다. 서로에게 불행한 결말입니다.

남에게 고개를 숙이는 것은 당연히 고통스럽고 힘든 일입니다. 굴욕감이 들기도 합니다. 하지만 그 본질을 알면 마음이 조금은 더 편해질 수 있습니다. 윗사람이 나를 무시하는 건 표면적으로는 특정인이 나를 모욕하는 것처럼 느껴집니다. 하지만 그 본질은 대자연이 그를 내세워 나에게 경고를 보내고 있는 것입니다. 그는 그냥 도구로 작용하고 있을 뿐입니다. 그런 관점에서 접근하면 인간에 대한 악감정을 갖지 않으면서 나 자신을 성찰하고 낮추는데 많은 도움이 됩니다.

5-5

갑을관계만 잘하면 실패하지 않는다

갑질을 규탄하는 목소리가 세상을 뒤엎고 있습니다. 과유불급, 지나친 갑질은 지탄받아 마땅합니다. 하지만 그렇다고 해서 갑을관계 그 자체가 사라지진 않습니다. 사람 사이에는 갑을관계가 반드시 존재합니다. 사람과 신, 사람과 자연 사이에도 마찬가지입니다.

갑은 을에게 가르칠 수 있지만 을은 갑에게 그럴 수 없다는 게 정법의 입장입니다. 을은 갑에게 대들거나 건방진 언동을 해서는 안 됩니다.

"자, 뭐든지 기탄없이 얘기합시다."

상사가 이렇게 말한다고 바로 상사의 단점과 결점, 잘못을 좔좔 읊조리면 상황 끝입니다. 바로 찍혀버립니다. 그는 적어도 그 상사 밑에서는 조직의 쓴맛을 보게 됩니다. 갑이 독려하는 기탄없는 얘기는 자기가 듣기 좋은 말만 하라는 얘깁니다. 그 정도 눈치도 없다면 그 미련함의 대가를 치를 수밖에 없습니다.

물론 갑은 을을 도와줄 의무가 있고, 을은 갑을 받쳐줄 의무가 있습니다. 그렇게만 하면 갑을관계는 분명하게 정립되고 서로간에 상생이 이뤄집니다. 갑을관계에서 가장 중요한 건 갑을의 위치가 고정적이지 않다는 점입니다. 아버지는 일상에서 아들에게 갑입니다. 하지만 그 아버지가 아들에게 컴퓨터에 관해 물으면 아들이 갑이 됩니다. 상사는 부하에게 갑입니다. 그러나 부하에게 어떤 사안에 대한 협조를 구하면 그 부하가 갑이 됩니다. 이런 점을 소홀히 하면 낭패를 보게 됩니다. 을의 위치가 된 상사가 자신을 갑으로 착각하고 갑질을 하면 사실상 갑인 그들이 응징을 하는 것입니다. 정법은 갑을관계만 제대로 하면 절대 실패를 하지 않는다고 단언합니다. 바르게 살아가기에 인생 또한 순탄하게 풀려나간다고 장담합니다.

만약에 갑을관계의 부당함을 도저히 극복할 수 없다면 일단 그곳을 떠나야 합니다. 그러나 떠날 때는 떠남에 대한 인지를 바르게 해야 합니다. 내가 못나고 내가 부족해서 떠나는 것이다, 좀 더 부드럽게 적응할 수 있는 곳에서 적응력을 키우는 공부를 하겠다, 그런 점을 망각해선 안 됩니다. 그리고 다른 곳에 가더라도 공부를 통해 이런 갈등을 풀어낼 수 있는 역량을 반드시 키워야만 합니다.

반면에 주어진 환경만 비난하고, 그게 싫어서 떠난다고 떠벌이는 건 떠나는 게 아니라 도망치는 것입니다. 도망치면 다른 곳에 가더라도 또 비슷한 상황에 직면하게 됩니다. 정법은 그래서 문제가 생기면 겁내지 말고, 자신 있게 부딪치고, 문제 해결을 위해 노력을 하라고 다독입니다. 문제가 터진 이곳에서 노력하든, 이곳을 감당할 수 없어 새로 옮긴 곳에서 노력하든, 문제 해결을 위한 노력은 반드시 해야 합니다. 설사 문제를 해결하지 못하더라도 풀려고 노력하는 그 자세는 반드시 주변에서 인정을 받고 빛을 보게 됩니다.

5-6

돈이 없는 건 사람을 잘못 대했기 때문

인성 180도 바꾸기

“그동안 열심히 살았거든예. 하지만 돈이 붙지를 않네예. 주변에 사람은 많이 있지만 돈이 안되예. 왜 그런 거지예?”

미모의 어떤 여인이 이렇게 물었습니다. 왜 이 여인에겐 돈이 붙지 않았을까요? 외모가 수려하고 재주도 많은 사람은 질량이 아주 큰 사람입니다. 이런 사람에겐 가만히 있어도 사람들이 다가 옵니다. 하지만 그 사람들을 건성으로 대하면 그들은 호의를 접고 떠나버립니다. 그들이 전해줄 돈과 기회도 같이 사라집니다.

정법은 오행이 좋고 재주가 많은 사람에겐 대자연이 돈을 바로 주는 게 아니라 사람을 붙여준다고 설명합니다. 그 사람들은

3단계를 거쳐 그에게 돈을 안겨줍니다. 처음엔 30%의 표면만 보여주고, 그걸 잘 받아들이면 그보다 30% 더 큰 능력을 가진 사람을 이어주고, 마지막으로 진짜 귀인이 될 40%를 가진 사람과 연결해 줍니다. 그런데 처음으로 다가온 30%의 사람을 별 볼일 없다며 가볍게 대하면 그 뒤에 따라올 60%의 사람들과 만날 기회가 차단되고 맙니다.

이런 악순환을 끊으려면 정법강의를 들으며 자신의 모순을 교정하는 것 외에는 달리 용빼는 재주가 없습니다. 사람을 따뜻하게 잘 대해주겠다, 그렇게 결심을 해본들 자기 모순이 그대로 있으면 아무 소용이 없습니다. 어느 순간 발칵 화를 낸다든가, 다툼을 벌이든가, 괜히 상대가 싫어진다든가, 어떤 형태로든 그 사람을 배척하게 마련입니다.

사람은 유유상종입니다. 공부를 통해 자신을 갖추면 정확하게 그에 맞는 인연이 찾아온다는 게 정법의 입장입니다. 이걸 하고 싶다, 저걸 갖고 싶다며 여기저기 쑤시는 건 억지이자 욕심에 불과합니다. 자신을 갖추려고 노력하는 게 우선입니다. 노력하는 사람을 하늘은 결코 버리지 않습니다.

5-7

말이 안 통하는 사람은 멀리해야 한다

인성 180도 바꾸기

"말 한마디 갖고 뭘 그래?"

일상에서 흔히 듣는 말입니다. 은근히 신경을 긁거나 기분 나쁜 말을 던진 사람이 상대의 항의를 받으면 주로 저렇게 뻗댑니다. 하지만 말 한마디의 위력은 결코 간단치 않습니다. 천지를 만들고 부수는 힘, 사람을 죽이고 살리는 힘이 말 한마디에 담겨 있습니다. 그런데도 우리는 마음이 약해서 혹은 좋은 게 좋다는 식으로 한 두번 주의만 주거나 그냥 체념해버리곤 합니다.

정법은 이 점에 대해선 단호했습니다. 말이 통하지 않는 사람과는 반드시 헤어지라고 단언했습니다. 연인이든 부부이든, 부모형제든 친구든, 아니면 선후배 동료이든, 말이 통하지 않으면 헤어지라고 촉구했습니다, 물론 여기서 헤어진다는 의미는 절교나 절연을 하고 서로 만나지도 않는 것만을 의미하지는 않습니다. 그보다는 거리를 확실하게 두라는 의미입니다. 부득이 만나게 되면 정중하게 예의를 갖춰 인사는 나누지만 그 이상은 절대 해서는 안 된다는 것입니다.

자신의 지난 날을 이 법문에 대입해보니 절로 고개가 끄덕거려졌습니다. 좋은 게 좋다는 식으로 그냥 넘어간 관계들은 결코 그 끝이 좋지 않았습니다. 안 좋은 기억들이 계속 축적되다가 결국엔 관계가 끊어지고 말았습니다. 그건 일종의 사필귀정입니다. 하지만 그렇게 되기까지 시간을 많이 끌었기에 서로가 그만큼 더 많은 내상을 입을 수밖에 없었습니다. 상대에게 험한 말, 비꼬는 말, 비난의 말, 더러운 말을 들으면 내 영혼이 손상됩니다. 그러면 기분이 나빠지고 풀이 죽게 됩니다. 이게 쌓이면서 내 몸에 악성 종양을 만들고 인생사도 자꾸만 꼬이게 만듭니다.

사람이 환경을 창조하는 도구는 세 가지, 생각과 말과 행동입니다. 이중에서 말이 가장 중요합니다. 물론 창조의 발단은 생각이고, 창조를 완성하는 것은 행동입니다. 그러나 생각이 말로 표현이 되었을 때 비로소 우주의 힘이 작동하기에 말이 가장 중요하다는 것입니다.

말의 속성이 이렇기 때문에 하늘에 올리는 축원은 반드시 말로써 해야만 효력이 생겨납니다. 속으로 하는 축원, 생각만으로 하는 축원에는 하늘이 감응하지 않습니다. 축문을 낭독하는 건

다 그만한 이유가 있습니다. 말의 힘은 생각보다 훨씬 더 강력합니다. 자신이 바른 말을 쓰는 것도 중요하지만 탁기 가득한 남의 말을 바로 차단하는 게 그보다 더 우선입니다.

5-8

탁한 자와 노닥거리지 말라

"기운이 탁한 자를 보면 가까이 가는 게 꺼려집니다."

고급지게 생긴 어떤 여성이 이런 갑갑함을 토로했습니다. 어느 모임이든 이런 유형의 인간들이 있게 마련입니다. 상대의 기분은 아랑곳하지 않고 자랑질이나 하는 인간, 언사가 시정잡배 수준인 인간, 잡신의 노예가 되어 음산한 분위기를 연출하는 인간 등등.

정법은 이렇게 탁한 자들을 꺼려하는 건 내가 약하기 때문이라고 진단합니다. 내가 강하다면 맑은 기운은 물론 탁한 기운도 능히 제압할 수 있다는 것입니다. 당연한 얘기지만 상대의 탁기를 제압하려면 자신의 질량을 키워야만 합니다. 그렇게 하려면 일단은 탁한 인간들과 접하는 모임들을 끊어버리고 혼자만의 시간을 확보해 공부를 하는 게 우선입니다. 최소한 100일 공부는 마쳐야 합니다. 질량이 어느 정도 커진 이후에도 탁한 자를 상대할 때는 주의할 점이 있습니다. 탁한 자를 자신의 공부대상으로 삼되 그런 사람과 같이 노닥거려서는 안 된다는 것입니다.

사람은 어떻게 살면 저렇게 탁해지는가? 내가 무엇을 잘못했기에 탁한 인간들과 조우하는가? 이것을 성찰하는 게 공부입니다. 반면에 탁한 자에게 장단을 맞추어 남 욕이나 하고 세상 탓이나 한다면 그건 노닥거리는 것입니다.

정법의 가르침은 대개 이중적인 함의를 내포하고 있습니다. 탁한 자에 대한 법문도 이중적인 의미를 내포하고 있습니다. 예컨대 탁한 자를 피하는 건 내 공부를 회피하는 것이기에 조우도 못한 채 추락한다고 설명합니다. 동시에 나보다 질량이 70% 이상 떨어지는 사람과는 절대 가까이 해서는 안 된다고 당부합니다. 그러면 반드시 내게 흙탕물이 튄다는 것입니다. 얼핏 보면 서로 충돌하는 가르침 같기도 합니다. 하지만 둘 다 올바른 지혜입니다. 열 번 찍어 안 넘어가는 나무도 없지만 오르지 못할 나무는 쳐다보지 않는 게 맞습니다. 나보다 질량이 30% 높은 사람에겐 열 번 찍는 게 통하지만 70% 이상인 사람에겐 천 번, 만 번 찍어도 소용이 없습니다.

그렇기에 탁한 자가 꺼려진다면 일단은 피해야 합니다. 힘도 없는 주제에 탁한 자를 계속 상대하는 것은 객기입니다. 그러나 언제까지나 도망만 친다는 건 명백한 잘못입니다. 내가 풀고 넘어가야 할 과제를 회피하는 것이기 때문입니다. 결국 공부를 통해 자신의 질량을 키우는 게 핵심입니다.

사람은 이런 과정들을 통해 자신의 업장을 소멸하고 영혼을 정화해 나갑니다. 이런 작업은 몸을 가진 인간일 때만 가능합니다. 몸을 벗어나 마음 에너지가 없어진 영혼의 상태, 즉 죽은 이후에는 그런 작업이 원천적으로 불가능합니다. 혼신의 힘을 다해 자신의 질량을 키워야하는 이유가 여기에 있습니다.

5-9

깐죽거리는 옛 동창 어떻게 하나?

인성 180도 바꾸기

"사회에서 나름 성공하여 초등학교 동창회장도 맡았습니다. 그런데 옛날에 형편이 어려워 중학교에 1년 늦게 진학했다는 이유로 '후배'라 부르며 깐죽거리는 동창이 있습니다. 그의 농담이 참기 어려운데 어떻게 해야 하나요?"

목에 걸린 가시처럼 거북한 문제입니다. 대놓고 말하기엔 쪼잔하고 그대로 참자니 혼자서 속을 끓이게 됩니다. 정도의 차이는 있겠지만 이와 비슷한 상황을 경험한 사람들이 많을 겁니다. 정법은 그렇게 거슬리는 사람이 있으면 그 모임을 떠나라고 권고합니다. 정에만 이끌려 냉철하지 못하고 우물쭈물하면 갈수록 결과가 더 나빠진다는 것입니다.

위의 사례는 다른 동창들이 반갑게 맞아주는 건 좋은데 한 사람이 깐죽거리니 그건 불쾌하다는 모순된 반응을 보여주고 있습니다. 사회에서 잘 나가지 못하니 동창회 안에서 세력을 규합해 뭔가를 도모할 때 나타나는 갈등입니다. 대자연이 시험지를 들이민 형국이기도 합니다. 이 시험을 통과하면 한 단계 더 도약할 수 있습니다. 그렇지 못하면 현상유지에 그치든가 더 아래로 추락합니다.

만약 질문자가 동창회장으로서 처신을 제대로 했다면 이런 문제가 발생하지 않습니다. 눈에 보이지 않게 상중하로 계급이 나뉘진 동창들을 뭔가 잘못 다뤘기에 저런 갈등이 터졌습니다. 의식했건 안했건 거들먹거렸을 개연성이 가장 높습니다. 만약 동창회장이 깐죽거리는 그를 더 가까이 하고 품어주면 그는 시험을 통과한 것입니다. 그걸 할 수 없다면 깔끔하게 그 모임을 떠나는 것이 차선책입니다. 반면에 그 상대를 제압하려고 하는 건 최악의 선택이 됩니다. 십중팔구 그는 사회에서 별로 성공하지 못한 하위그룹입니다. 잘 나가는 동창에게 시비를 걸면서 즐기고 있습니다. 상대가 감정적인 반응을 보이면 보일수록 그는 더 재밌어 합니다. 그는 잃을 것이 없는 반면 잘난 동창은 나락으로 추락할 가능성이 다분하기 때문입니다. 그야말로 꽃놀이 패이자 깨소금 맛입니다.

얼핏 들으면 사소해 보이는 이런 사안에도 인간관계의 법칙은 엄중하게 작용합니다. 누군가를 미워하면 자신이 먼저 패망한다는 법칙입니다. 그러니 깐죽거리며 신경을 긁는 상대를 대충 참으며 적당히 넘어가려는 태도는 위험천만한 대응입니다. 미움을 넘어 인간적으로 넉넉하게 포용하든가, 그게 아니라면 미련 없이 그 모임을 떠나는 게 지혜롭습니다.

5-10

가는 사람 잡으면 내가 다친다

인성 180도 바꾸기

누군가 나를 떠나려고 합니다. 친구일 수도 있고, 지인일 수도 있고, 연인이나 배우자일 수도 있습니다. 내가 상대를 많이 좋아하고 아꼈다면 충격적인 사건입니다. 가지 말라고 붙잡는 게 어쩌면 당연합니다.

하지만 정법은 가는 사람을 바로 놓아주라고 합니다. 억지로 잡아봤자 그 마음이 돌아서지 않습니다. 그래도 미련이 남거나 오기 때문에 억지로 잡으면 관계는 그만큼 더 나빠집니다. 상대는 머지않아 다시 떠나려고 합니다. 두 번, 세 번을 억지로 만류하면 마침내 서로 원수가 됩니다.

그렇다면 상대는 왜 나를 떠나려 할까요? 이유는 간단합니다. 내 질량이 부족하기 때문입니다. 상대가 떠나면 왜, 무엇 때문에 그렇게 되었는지를 성찰해야 합니다. 공부를 해서 자신의 질량을 키우는 게 무엇보다 중요합니다. 그렇게만 하면 상대는 반드시 내게로 돌아옵니다. 내 질량의 밀도가 높아져 상대를 끌어당기기 때문입니다. 다시 돌아온 상대는 넉넉하게 품어주면 그만입니다.

사람들이 내 곁을 다 떠나면 외로워집니다. 하지만 이때가 공부에 전념할 수 있는 찬스입니다. 친구는 사람만이 전부가 아닙니다. 정법은 법이야말로 최고의 친구라고 가르칩니다. 정법을 벗 삼아 부지런히 공부하면 나의 질량이 달라져 더 좋은 인연들이 저절로 다가옵니다.

'세로소지음(世路少知音)'

세상엔 내 소리 알아줄 벗이 적구나, 신라의 석학 최치원 선생도 벗이 없는 외로움을 이토록 절절하게 시에 담았습니다. 외로움은 동서고금을 막론하고 인간 본연의 숙명 같습니다. 그럼에도 불구하고 누군가 나를 떠나려 한다면 미련 없이 보내줘야 합니다. 그 사람이 잘 되도록 축원하며 기분 좋게 보내주는 게 상책입니다. 작별도 아름다운 작별이 좋습니다.

Chapter

6

질병은 인성공부로 완치한다

6-1

공부 중에 나타난 몸의 변화들

100일 공부가 탄력을 받으면서 몸에도 가시적인 변화가 나타났습니다. 처음에는 강의를 듣는데 양쪽발이 시렸습니다. 마치 엄동설한에 양말도 신지 않은 채 맨발을 내놓은 것처럼 양쪽 발이 차가워졌습니다. 손으로 만져보면 냉기가 그대로 느껴졌습니다. 이런 현상은 2-3달 정도 계속됐습니다.

그 다음에는 두통이 밀려왔습니다. 머리 위쪽 부분이 쑤시는 것처럼 아팠습니다. 평소에 두통을 앓은 적이 거의 없기에 이상하다는 느낌도 들었습니다. 두통은 일주일 정도 이어지다 사라졌습니다.

그런데 정기 건강검진을 받아보니 뜻밖의 결과가 나왔습니다. 몇 년째 계속 있었던 지방간이 없어졌습니다. 복부초음파 검사를 하면서 검진의가 직접 그렇게 알려줬습니다. 폐에 있었던 결절도 사라졌습니다. 2-3년 전 엑스레이 검사에서 직경 1센티미터 정도의 하얀 반점 형태로 발견된 것입니다. 그것 때문에 CT로 재검까지 받았습니다. 담당전문의는 암은 아니고 폐 안에 생긴 일종의 사마귀 같은 것이라고 설명했었습니다. 어쨌든 그런 증상들이 깜쪽같이 사라진 것입니다.

그동안 건강을 위해 특별히 한 건 없었습니다. 술도 이전처럼 마셨고 담배도 하루에 1갑을 피웠습니다. 그런데도 이렇게 호전된 결과가 나타나자 신기하기도 했습니다.

그 이후에는 몸이 가려워졌습니다. 등 쪽이 많이 가려웠습니다. 효자손을 이용해 긁어주면 당장은 시원했지만 시간이 지나면 또 가려웠습니다.

정법은 가려움을 호소하는 질문에 대해 마장을 끌어안고 공부하라, 질량을 키워 스스로의 힘으로 탁기를 다스리라고 답했습니다. 그 법문에 공감했기에 그대로 실천했습니다. 까짓것 가렵든가 말든가, 자신의 페이스에 맞춰 공부를 계속 이어갔습니다. 그러자 가려움도 현저하게 증상이 약해졌습니다. 등에서 시작된 가려움이 어깨로 넘어갔다가 다시 팔에서 허벅지로 이동했고 발목으로 내려가면서 세력이 확 꺾였습니다.

정법을 공부하는 과정에서 사람에 따라 몸에 다양한 증상이 나타나기도 합니다. 그 사람의 질량과 인성, 집안의 내력 등에 따라 질병은 저마다 다르게 나타납니다. 어떤 남성은 법문장에서 이렇게 물었습니다.

"몇 년 동안 가위눌림과 안면신경통, 위장병으로 고생했는데 정법강의를 1년간 들으면서 증상이 사라졌습니다. 그런데 그 이후에 8개월 동안 이빨이 흔들렸습니다. 그 증상이 없어지자 이번에는 가슴이 답답하고 호흡이 어렵고 식욕이 없어졌습니다. 하루하루가 너무 고통스럽고 평생 이런 증상이 나타날까봐 걱정입니다."

정법은 우선 질문자가 고집이 굉장히 센 사람이라고 진단했습니다. 하나의 증상이 사라졌을 때 그 원인으로 작용했던 고집을 내려놓았다면 더 이상 다른 증상이 없었을텐데 고집을 꽉 움켜잡고 있으니 일정 시간이 지난 후에 또 다시 통증이 밀려왔다는 것입니다. 이렇게 고집불통인 사람들은 단지 육체적인 원인만 있는 게 아니라 차원계의 영혼들도 함께 작용하는, 이른바 신줄이 센 사람입니다. 가위에 눌린 건 신장, 이빨이 흔들린 건 집착 많은 할머니 영혼, 가슴이 갑갑한 건 할아버지 신이 들락거리며 그렇게 한 것이라고 풀어주었습니다. 이럴 경우 해법은 딱 하나 뿐입니다. 마장을 껴안고 공부를 계속해 자신의 질량을 키우는 것입니다. 자신의 질량이 커지면 사람이건 영혼이건 절대 자신을 침범할 수 없습니다.

사람이 힘이 약하면 다른 사람에게 농락당합니다. 차원계도 똑같습니다. 영혼들은 약한 인간들을 찾아다니며 조종하는 것이지 자기보다 질량이 큰 사람에게는 영향을 미칠 수 없습니다. 정법은 바르게 생활하고 주변과 소통하며 즐겁게 사는 사람들에겐 차원계의 영혼들이 절대 범접할 수 없다고 강조했습니다.

정법을 공부하면서 몸이 좋아진 사례는 아주 많습니다. 그들의 공통점은 병에는 신경 쓰지 않고 법문을 들으며 자신을 성찰하는데 전념했다는 점입니다. 그런 자세로 공부하면 법문도 단계적으로 무게가 다르게 흡수됩니다.

처음에는 대부분 법문이 그저 재미있게 들립니다. 맞아, 맞아, 무릎을 치면서 공감도 합니다. 그 단계를 넘어서면 법문이 비수처럼 예리하게 자신의 가슴을 찌를 때가 있습니다. 자신이 잘못 살았던 부분을 짚어주는 법문이 특히 그렇습니다. 그 다음은 눈물이 쏟아지는 단계입니다. 법문을 들으면 의지로 억제할 수 없을 정도로 그냥 눈물이 쏟아집니다.

자신의 잘못을 반성하며 진심으로 눈물을 쏟고 난 이후에는 질병이 획기적으로 치유됩니다. 이런 사람들은 언제 치유가 됐는지도 모르게 질병이 사라집니다. 몸이 아프다는 건 몸이 바르지 않다는 시그널입니다. 몸이 바르지 않은 건 인성이 바르지 않기 때문입니다. 그렇기에 잘못된 인성을 바르게 교정하면 잘못된 몸도 당연히 바로 잡히게 됩니다. 이것은 자연의 법칙이기에 한치의 오차도 없이 그렇게 이뤄집니다.

6-2

암의 일차적인 원인은 말

'아니야. 오진일거야.'

암으로 진단을 받으면 환자들은 대부분 이런 반응을 보인다고 합니다. 상황에 대한 강력한 부정입니다. 하지만 재검, 삼검을 통해 암진단이 확정되면 분노가 폭발합니다.

'왜 하필 나한테만?'

호스피스 전문의였던 엘리자베스 퀴블러 로스는 저서『죽음과 죽어감』에서 암환자들은 심리적으로 5단계를 거친다고 설명했습니다. 처음엔 부정하다가 두 번째는 분노합니다. 그래도 안되면 병만 낫게 해주면 선하게 살겠다는 식으로 혼자만의 협상을 시도합니다. 그것마저 안되면 우울에 빠졌다가 마침내 병을 수용하게 됩니다. 부정, 분노, 협상, 우울, 수용의 5단계는 꼭 저 순서대로

만 오지는 않습니다. 1번 부정에서 4번 우울로 갔다가 다시 2번 분노로 후진할 수도 있습니다.

환자를 그로기 상태로 몰아넣는 암은 왜 발생하는 것일까요? 의료진은 발암물질이나 오염된 공기, 방사능 등을 주요원인으로 많이 거론합니다. 하지만 그런 것들은 부차적인 원인일 뿐입니다. 가장 근본적인 원인은 자신이 날마다 분출하는 말입니다.

정법은 사람의 생산품 가운데 가장 강력한 에너지를 가진 게 말이라고 합니다. 말 한마디가 사람을 죽이기도 하고 살리기도 합니다. 그렇기에 평소에 악담이나 험담을 많이 한 사람들은 제 무덤을 부지런히 파는 것이나 마찬가집니다. 악담과 험담은 1차적으론 상대를 힘들게 하지만 일정 시간이 지나면 부메랑처럼 정확하게 돌아와 자신을 칩니다. 악담, 험담 못지않게 해로운 말이 우기는 말입니다. 상대는 별로 납득하지 않는데 자기 말만 맞다고 우기는 사람은 자신에게 독을 퍼붓는 것과 다를 바 없습니다. 자기 말을 제대로 이해하지 못한다며 상대에게 화까지 내는 것은 도를 많이 넘어선 짓입니다.

'왜 내게 이런 일이?'

일상에서 나쁜 말로 패악을 쌓았던 사람이 막상 암으로 진단을 받으면 이렇게 반문합니다. 냉철하게 관전하면 일종의 블랙코미디입니다.

그렇다면 진료마저 포기하고 산으로 들어가 채식에 약초나 캐 먹던 사람이 뜻밖에도 병이 완치되는 건 왜 그럴까요? 방송에선 이런 사연이 심심치 않게 소개됩니다. 채식과 맑은 공기 때문일까요? 아닙니다. 그런 것은 부차적인 요인입니다. 암완치의 결정적인 요인은 입을 닫았다는 것입니다. 산으로 들어가면 더 이상 사람을 만나지 않습니다. 상대할 사람이 없으니 악담이나 험담을 하지 않습니다. 자기 주장을 우기지도 않습니다. 입을 다문 게 건강 회복의 일등공신입니다.

정법은 말의 힘, 말의 무서움을 누누이 강조합니다. 내 말이 상대를 죽이면 그 다음엔 정확하게 내게로 돌아와 나를 죽입니다. 그렇기에 좋은 말을 못한다면 차라리 입을 다무는 게 더 낫습니다.

"그런 게 어딨어? 터진 입으로 말도 마음대로 못해?"

이렇게 반문하는 사람도 있을 겁니다. 해도 됩니다. 자기 입으로 자기 말 하는 걸 누가 말리겠습니까? 다만 그 결과도 자기가 고스란히 부담해야 합니다.

6-3

암의 성격적 원인은 고집불통

유능제강(柔能制剛), 부드러움이 능히 강함을 제압한다는 건 동양의 전통적인 사상입니다. 장량이 애독했던 황석공소서에 언급된 고사성어로 노자 도덕경에 그 뿌리를 두고 있습니다. 노자는 도덕경에서 물만큼 부드럽고 연약한 것은 없지만, 강하고 굳센 것을 부수는데 물만한 것이 없다고 했습니다. 동시에 세상 사람들이 이를 알고는 있지만 실천하는 사람은 드물다고 했습니다.

세상에는 고집불통들이 차고 넘칩니다. 저마다 자기만 옳다고 주장합니다. 다른 사람들이 뭐라고 말해도 우이독경, 소귀에 경 읽기입니다. 이런 사람들은 시간이 갈수록 성격이 완고하게 변하면서 몸의 세포가 딱딱하게 굳어갑니다. 그리고 언젠가는 그게 암세포로 바뀌게 됩니다.

암환자들은 100% 고집불통들이라고 정법은 단정적으로 규정합니다. 고집이 저런 악질을 유발했다는 것입니다. 그렇기에 암환자는 무엇보다 먼저 자기 고집을 내려놓아야 합니다. 남의 말을 귀담아 들으라는 얘기입니다. 그렇게만 하면 반드시 암에서 벗어날 수 있습니다.

미국의 자기계발 대가인 루이스 헤이는 저런 방식을 통해 암에서 해방되고 극적인 반전까지 이뤄냈습니다. 가난했던 미스 시절에 그녀는 병원에서 생식기암으로 진단받았습니다. 병원에선 서둘러 수술받기를 권했지만 그녀에겐 그만한 돈이 없었습니다. 그녀는 고심 끝에 건강 책자에서 권하는 채식으로 식습관을 바꿨습니다. 또 상담사의 도움을 받아 마음의 병을 먼저 치유했습니다. 침대를 베개로 후려치면서 고함을 지르고 흐느껴 울면서 성폭행을 당했던 어린 시절의 악몽과 가족들에 대한 해묵은 분노를 발산했습니다.

6개월 뒤 그녀의 몸에서 암세포가 사라졌습니다. 그녀는 그 경험담을 담아 『치유』라는 책을 발간했습니다. 병은 생각이나 감정에서 생기고 그것만 잘 다스리면 병이 없어진다는 내용이었습니다. 의료적인 입증 여부와는 상관없이 그녀의 책은 폭발적인 반향을 일으켰습니다. 그녀는 단숨에 자기계발의 대가로 급상승했습니다.

그녀는 병을 병원에서 치료해야 한다는 고집을 버렸습니다. 부모를 잘못 만나 자신은 희생자가 됐다는 원망을 놓았습니다.

자신을 학대했던 인간들에 대한 분노를 버렸습니다. 그렇게 했을 때 병원 치료비보다 훨씬 저렴한 비용으로 암을 퇴치할 수 있었습니다.

암환자는 무엇보다 먼저 고집을 꺾어야 합니다. 아직 암이 발병하지 않은 사람들도 고집을 버리면 암의 희생자가 되지 않습니다. 정법은 우주의 기본 법칙인 3대 7의 법칙에 따라 사람은 모두 30%의 병적인 기운을 갖고 있다고 설명합니다. 하지만 나머지 70%의 건강한 기운을 제대로 작동시키면 30%는 결코 발병하지 않는다고 장담합니다.

어떤 병이든 발병한 이후에 치료하는 것보다는 그 이전에 예방하는 게 훨씬 더 좋습니다. 정법이 강조하는 것도 바로 이런 점입니다. 고집만 꺾어도 발병의 가능성은 대폭 줄어듭니다. 인성을 치유하면 전반적인 건강상태도 덩달아 좋아집니다.

6-4

공황장애는 왜 오는가

인성 180도 바꾸기

공황장애 환자들이 부쩍 늘고 있습니다. 처음엔 인기에 대한 스트레스 때문에 연예인들에게 많이 발병하는 것으로 알려졌습니다. 하지만 이제는 일반인들은 물론 청소년들에게도 광범위하게 확산되고 있습니다.

"겪어보지 않은 사람은 그 고통을 모른다."

공황장애를 앓고 있는 연예인들은 언론 인터뷰에서 이렇게 말했습니다. 단지 기분만 불안한 것이 아니라 숨이 막힐 듯이 갑갑하거나 머리가 깨질 듯이 아프다는 것입니다. 또 죽을 것 같은 공포감이 수시로 급습합니다. 어떤 사람은 고소공포증이 심해져 비행기조차 타지 못합니다. 하지만 겉보기엔 사지가 멀쩡하기에 주변 사람들은 그 고통을 제대로 파악조차 하지 못합니다.

원인 불명. 현대의학은 공황장애를 이렇게 규정합니다. 아니면 기껏해야 스트레스 정도를 원인으로 추정합니다. 베트남의 축구영웅으로 떠오른 박항서 감독도 방송에서 국내 감독시절에 '경기 스트레스' 때문에 공황장애를 겪었다고 고백한 적이 있었습니다. 한마디로 원인을 잘 모른다는 얘깁니다.

정법은 공황장애를 2종류로 명쾌하게 규정합니다. 하나는 현실에서 역량 이상의 욕심을 추구하다 그것이 잘 안될 때 화를 비롯한 탁한 기운들이 누적돼 발병하는 것입니다. 연예인의 경우 사람들의 인기를 왕창 받았지만 본인이 그걸 수용할만한 질량이 안되면 역류현상이 나타납니다. 인기가 도리어 독이 되어 그 사람을 쳐버립니다. 그래서 공황장애 발병이 많습니다.

다른 하나는 조상줄과 연결돼 있습니다. 윗대에서 자기 문제를 풀지 못해 공황장애를 앓다가 갔으면 그걸 풀어달라고 후손에게 매달리는 겁니다. 만약 후손인 자신이 미욱해 그걸 모르고 지나가면 다시 그 자식대로 넘어가게 됩니다.

그 어떤 경우건 공황장애를 앓는 사람들은 자기 영혼의 질량이 부족해서 그렇습니다. 영혼의 질량을 채우지 않으면 공황장애는 완치되기 어렵습니다. 병원에서 주는 약은 일시적인 도움은 되겠지만 근본적인 해법이 아닙니다. 또 약복용이 너무 장기화되면 약에 따른 부작용도 나타날 수 있습니다.

그렇기에 공황장애 환자들은 무조건 정법의 법문을 들어 바싹

마른 영혼에 생기부터 불어넣어야 합니다. 10분짜리 강의를 300강 이상 들으면 영혼이 생기를 회복하고 밀도가 탄탄해져 병마를 밀어냅니다. 또 일상에선 자기 일의 30%를 줄여야 합니다. 과적된 화물을 줄여야만 심신이 탄력성을 회복합니다. 반면에 욕심을 콱 움켜잡고 더, 더 하면서 계속 앞으로만 나아가면 십중팔구 병세가 더 악화됩니다. 또 나중에는 욕심과는 정반대로 일조차 못하는 지경에 이르게 됩니다.

그러나 본질적으로 가장 중요한 점은 공황장애가 들이닥친 의미를 공부해야 한다는 것입니다. 내게 왜 이런 병이 왔을까? 이 병을 통해 나는 무엇을 깨쳐야 하는가? 이것이 공부의 핵심적인 과제입니다. 본인이 결심만 하면 정법이 그 길을 열어줄 것입니다. 굳이 법문장을 방문해 묻지 않아도 됩니다. 유튜브 강의를 찾아 듣고 스스로 자기 모순을 고치는 것으로 충분합니다. 그렇게 한 뒤에도 미진한 게 있거나 병마로 고생하는 주변 사람들에게 활로를 열어주고 싶다면 그때는 정법에 합류해 홍익이념을 실천하면 됩니다.

정법은 절대 공황장애 환자를 직접적으로 치료하진 않습니다. 병만을 낫게 하는 건 쉽지만 결과적으로 그게 환자를 죽이는 길이기 때문입니다. 하늘이 사람에게 병을 준 것은 회초리를 든 것입니다. 정신을 차려 바르게 살라는 엄중한 경고입니다. 그런데 치병능력이 좀 있다고 환자를 덜렁 고쳐주면 어떻게 되겠습니까? 그 사람은 덕을 베푼 게 아니라 하늘을 방해한 중죄를 범한 것입니다. 그렇기에 치유자 자신에게 그 병이 급습합니다. 또 일시적으로 나았던 환자도 머지않아 병이 더 나쁘게 재발합니다.

6-5

우울증은 100일 안에 잡을 수 있다

인성 180도 바꾸기

여배우 한 사람이 또 스스로 목숨을 끊었습니다. 그녀는 자신의 삶을 저렇게 마감했고 남은 가족들은 억장이 무너졌을 겁니다. 언론은 그녀가 평소에 우울증을 앓았다고 전했습니다. 또 그녀가 죽기 하루 전에 부친과 통화하면서 집안에 아픈 사람이 너무 많아 힘들다고 말했다는 소식도 덧붙였습니다. 정신과 전문의들은 도대체 무얼 하는지? 얼마나 많은 사람이 죽어야 치료법을 제대로 찾아낼 수 있는 것인지? 아니, 이제는 그런 역량이 있는지조차 의심스럽습니다.

우울증 환자들이 급속도로 팽창하고 있습니다. 전통적인 갱년기 우울증에 이어 산후 우울증, 주부 우울증, 노인 우울증이 나왔고 이제는 초딩 우울증까지 등장했습니다.

"이게 사는기가?"

초딩들까지 저런 식의 우울 증세를 보인다면 심각한 상황입니다. 우울증은 이제 개인적인 건강 문제를 넘어 사회 문제가 됐습니다. 극빈의 환경에서 한강의 기적을 이룬 세대들은 이런 현상을 의아해합니다. 아니, 우리 때처럼 밥을 굶는 것도 아니고 웬만한 집은 차도 굴리면서 사는데 왜 저러지? 하지만 이들 세대가 간과한 것이 하나 있습니다. 먹고 살기 위해 발버둥 치던 시절엔 우울증이 스며들 여지 자체가 없습니다. 그저 일용할 양식만 해결되면 삶이 즐겁고 행복했습니다. 그렇기에 정부가 '잘 살아보세!' 기치를 내걸면 다들 신명이 나서 밤낮없이 일하면서도 피곤한 줄도 몰랐습니다.

그러나 지식사회로 진입하면 사정이 달라집니다. 더 이상 밥만 먹고 살기 어렵습니다. 살아갈 희망을 잃어버리면 쉽게 우울증에 빠집니다. 그리고 목숨마저 가볍게 던져버립니다. 식자우환(識者憂患)입니다.

개인적으론 42살에 번아웃이 왔습니다. 에너지를 과도하게 방출해 살아갈 힘마저 고갈된 것이 번아웃입니다. 아침에 눈을 뜨면 이 하루를 어떻게 살아갈지 막막했습니다. 밤에 잠자리에 들면 자는 잠에 그냥 가버렸으면 하는 생각이 들었습니다. 남들보다 더 치열하게 일했던 나날들, 선두그룹을 달렸던 업무성과나 승진 등은 삶의 의욕을 잃어버리자 아무 소용이 없었습니다. 하루가 버거우면 몇 년 뒤의 비전 따위는 그림의 떡만도 못합니다. 번아웃은 그 정도로 증상이 심각합니다.

우울증은 왜 발병하는 것일까요? 원인은 간단합니다. 친구가 하나도 없기 때문입니다. 영혼의 교류가 단절돼 생기를 잃었기에 발병했습니다. 기분이 우울해지면 상황도 급속도로 악화됩니다. 유유상종의 법칙에 따라 사람은 물론 탁기들까지 우울한 것들만 잔뜩 몰려들어 그 사람을 갖고 놉니다. '이렇게 살아서 뭐하나? 차라리 죽자, 죽어' 이런 식으로 그 사람을 부추기면서 자살로 몰아갑니다.

정법은 자신을 제대로 갖추지 못한 채 그 다음의 나이대로 접어든 사람들이 쉽게 우울증에 걸린다고 진단합니다. 가장 대표적인 것이 갱년기 우울증입니다. 40대까지 어영부영 살다가 떠밀리듯 50대에 들어선 사람들은 신체적인 변화가 덮치면 당혹해합니다. 여성은 폐경이 되고 남성은 체력이 30% 정도 약해집니다. 이제는 힘이 아니라 지혜로 살아가라는 대자연의 섭리가 작동했기 때문입니다. 미처 지혜를 갖추지 못한 사람들은 이런 변화에 적응을 못한 채 심리적으로 급추락합니다.

돌아보니 이룬 건 변변치 않고 앞을 보니 막막하기만 합니다. 주변에는 더 이상 자신의 말이 먹혀들지 않습니다. 세상에 혼자만 남은 것처럼 외로움에 사로잡힙니다. 이걸 그대로 방치하면 그 사람은 점점 더 폭탄으로 변해갑니다. 자신을 해칠 수도 있고 주변에 위해를 가할 수도 있습니다.

저런 상태가 되면 무엇보다 먼저 외부에서 건강한 에너지를 수혈받아야 합니다. 혼자서는 그 고비를 헤쳐나가기 어렵습니다. 다행히 정법이 세상에 나왔습니다. 정법은 100일 공부만 제대로 하면 우울증을 확실하게 잡을 수 있다고 자신합니다.

"저는 39년을 헤맸습니다. 온갖 질병과 우울증으로 살고 싶은 마음이 눈곱만큼도 없었습니다. 정법을 만나서 듣고 2달 만에 치료가 다 되었습니다. 외로움도 많았는데 정말 즐겁고 행복했습니다."

초로의 어떤 여성은 법문장에서 질문을 하기 전에 저렇게 감사의 인사를 전하기도 했습니다.

우울해진 영혼들은 법문을 듣고 갈증을 채우면 다시 생기가 살아납니다. '일용할 양식'은 음식이 아니라 영혼의 양식입니다. 갈증이 심해 파리하게 말라가는 영혼에겐 가장 먼저 그런 음료수가 필요합니다. 그걸 채워야만 비로소 자신을 객관적으로 성찰할 수 있게 됩니다. 그러면 희망도 생겨납니다. 일단 희망이 생기면 우울증은 치유의 가닥이 잡힌 것입니다. 더 이상은 걱정할 필요가 없어집니다.

정신과 전문의가 정신이상자에게 당하는 세상입니다. 자신의 지식이나 논리만을 움켜잡고 다른 것을 배척하면 저렇게 당할 수 있습니다. 정법은 아직 세상에 널리 알려진 게 아니지만 요긴하면 일단 갖다 쓰는 게 상책입니다. 시시비비에 똑똑한 척은 급한 불을 끈 이후에 해도 충분합니다. 주변에 우울증 환자들이 있다면 유튜브에서 정법강의를 찾아서 듣도록 권유하는 것도 인간을 이롭게 하는 덕행입니다.

6-6

난치병, 3대 질환도 인성이 원인이다

인성 180도 바꾸기

"몇 년째 어깨가 많이 아파 병원에 갔더니 어깨뼈가 거의 없어졌고 힘줄도 끊어졌다고 합니다. 젊은 사람이면 수술이라도 하겠는데 나이가 있으니 주사나 맞으라고 했습니다. 한의원에 갔더니 힘줄은 끊어졌다 붙었다 한다며 치료를 받으라고 했습니다. 제게 왜 이런 일이 일어났는지요?"

나이 지긋한 여성분이 이렇게 물었습니다. 좀처럼 낫지 않는 고질적인 난치병 때문에 안타까움이 진하게 배여있는 질문입니다.

일상을 살아가면서 우리는 너나없이 병마에 시달립니다. 또 병이 발병하면 몸의 문제로만 간주하는 경향이 있습니다. 하지만 100일 공부를 하면서 질병은 전적으로 인성의 결함에서 비롯된다는 걸 절감하게 됐습니다. 이전의 상식과는 180도 달라진 판단입니다.

저 노부인이 저토록 몸이 망가진 원인은 딱 한 가지, 고집불통 때문이라고 정법은 설명했습니다. 고집불통들은 주변에서 해주는 좋은 말들을 전부 거부합니다. 그리고 자기 생각만 맞다고 우깁니다. 이런 고집이 사람과 사람 사이의 에너지 교류를 차단합니다. 그러면 그 사람은 병에 걸릴 수밖에 없습니다. 이런 원리는 고혈압과 당뇨, 암 등 이른바 3대 질환에도 그대로 적용됩니다.

병을 치유하는 도구는 명약과 영약 2가지가 있습니다. 물질로 만든 명약은 아무리 좋아도 임시방편입니다. 완치를 하려면 영약까지 써야만 합니다. 영약은 내 앞에 다가온 사람이 해주는 말입니다. 그걸 거부하지 않고 수용하는 게 약을 복용하는 겁니다. 술 · 담배 끊으라면 끊고, 입 다물라면 다물고, 보신탕 먹으라면 먹고, 밖으로 그만 쏘다니고 진중하게 지내라면 진중하게 지내야 합니다. 주변에 그런 사람조차 없다면 정법강의를 들으면 됩니다.

정법은 영약 중의 영약, 친구 중의 친구입니다. 정법을 통해 난치병에서 벗어난 사람들은 부지기수입니다. 물론 그들은 정법강의를 들으면서 자신의 인성을 바꿨을 뿐입니다. 정법 역시 치료행위는 전혀 해주지 않았습니다. 하지만 인성이 바르게 변하면 몸도 바르게 변하기에 병마 역시 더 이상 견디지 못하고 사라지게 됩니다. 인성공부는 결과적으로 인성은 물론 몸까지 치유하는 공부로 작용합니다.

6-7

불면증은 이렇게 치유한다

인성 180도 바꾸기

"중학생 딸애가 불면증이 심해 밤에 통 잠을 못 잤어요. 그런데 정법강의를 틀어주면 금방 잠이 들어요. 아예 코까지 골면서 자요."

어떤 중년부인이 정법강의가 끝난 뒤의 간담회 장소에서 좋아 죽겠다는 표정으로 저렇게 말했습니다. 옆에는 딸아이가 약간 부끄러운 표정으로 앉아 있었습니다. 다들 그 광경을 지켜보며 빙그레 웃었습니다.

불면증은 3명 중에 1명이 경험한다는 조사결과가 있을 정도로 보편화된 질병입니다. 죽을 병은 분명 아니지만 그 증상이 심해지면 당사자의 고통은 생각보다 심각합니다. 저 역시 번아웃이 되었던 40대 초반에 심한 불면증을 경험했기에 그 고통을 웬만큼 압니다. 불면증이 심해지면 밤에 잠을 이루지 못해 뒤척이는 것도 괴롭지만 10시간 이상 오래 자도 심신이 별로 개운하지 않다는 게 더 문제입니다. 아무리 자려고 해도 잠이 안 오고 기껏 잠이 들어 장시간을 잤는데도 전혀 거뜬하지 않다면 결코 가벼운 질환이 아닙니다.

그러면 정법강의를 들으면 왜 금방 잠이 들까요? 법문에는 강력한 에너지가 담겨있기 때문입니다. 사람이 창조하는 에너지 가운데 말의 에너지가 가장 강력합니다. 그런 에너지를 흡수하면 내 안팎의 탁기들은 더이상 버티지를 못하고 사라지게 됩니다. 그래서 금방 잠이 들게 됩니다.

불면증 환자들은 우선 질병치유 차원에서라도 정법강의를 듣는 게 좋습니다. 강의를 들으면 빠르면 몇 분 안에 잠이 쏟아집니다. 증상이 아주 센 불면증 환자라도 1시간 정도 강의를 듣고 나면 깊고도 달콤한 수면의 평온함을 누릴 수 있습니다.

개인적으론 정법공부를 한 이후에 2시간 정도만 자면 5-6시간을 잔 것처럼 몸이 거뜬해집니다. 5-6시간 정도 푹 잔 것 같아 기분 좋게 잠에서 깨어 시계를 보면 겨우 2시간만 지났기에 내심 놀란 적이 여러 번 있었습니다. 그렇다고 해서 하루에 2시간만 자지는 않습니다. 수면시간을 과도하게 단축할 생각은 없기에 다시 잠을 청합니다. 그러면 또 금방 잠이 듭니다. 그래서 하루

평균 5-6시간 정도는 잠을 잡니다. 정법공부를 시작한 이후에는 불면증에 시달린 적이 없습니다.

Chapter

7

인성 퀀텀점프의 실전노하우

7-1

핵심은 입 닫고 귀 열기

인성 180도 바꾸기

너나없이 잘난 세상이 됐습니다. 다들 자기 말만 들으라고 나대고 있습니다. 이런 세태에 부응해 1인 미디어가 급속도로 발달하고 있습니다. 블로그, 유튜브, 카톡, 인스타그램, 페이스북.. 저마다 1인 미디어 한두 개씩을 꿰차고 "나 잘났지?" 자랑질을 합니다. 그렇게 저만 잘났으니 가정도 회사도 파편처럼 갈라집니다. 혼밥에 혼술 문화가 빠른 속도로 확산되고 있습니다.

정법은 이런 추세에 단호하게 쐐기를 박습니다. '너는 못났다! 못난 놈이 무슨 할 말이 있는가? 그러니 입을 닫고 귀를 열어라'고 촉구합니다. 자신의 모순을 성찰해 바르게 고치는 왕도는 입 닫고 귀 열기라는 것입니다.

직접 해보니 입을 닫고 귀를 여는 건 생각보다 어려웠습니다. 아는 체 하고 싶어 수시로 입이 근질거렸습니다. 상대는 원치도 않는데 코칭을 해주려고 설치기도 했습니다. 그런 헛발질을 차단하기 위해 사람과의 관계를 최대한 단절하고 밴드 활동도 중단했습니다. 이 방법은 상당한 효과가 있었지만 술만 들어가면 맥없이 허물어지는 단점이 있었습니다. 그런 실수를 한두 번 하고나면 술자리 자체가 싫어집니다. 정법공부를 하면 가장 먼저 술생각이 사라진다고 들었는데 아마도 이런 사연이 작동한 것 같기도 합니다.

어쨌든 비틀거리면서도 가급적 입을 다물고 귀를 열자 법문에 대한 이해의 폭이 더 넓어지기 시작했습니다. 현각 스님에 대한 법문도 그 중의 하나입니다. 돈벌이에 급급한 기복불교를 비판하며 한국을 떠나겠다고 선언한 현각 스님을 정법은 강한 톤으로 질타했습니다. 백성들의 희생을 딛고 성장한 지식인이 만백성이 피눈물을 흘릴 때 도망이나 쳐서는 안 된다고 했습니다. 내 눈에 기복불교의 모순이 보인다면 내가 그것을 해결해야 한다는 뜻이 담겨있습니다. 그런데도 남 탓이나 하고 나 혼자 잘난 체하며 도망친다면 그러고도 잘 될 것 같냐고 반문했습니다.

처음엔 저 법문이 현각 스님에 대한 질책으로만 들렸습니다. 맞아, 속으로 수긍하며 혼자서 시시비비도 가렸습니다. 하지만 다시 들었을 때는 저 법문이 자신의 가슴을 예리하게 파고 들었습니다. '내가 현각보다 훨씬 더 비열했다, 내가 그보다 한참 더 이중적이었다.' 그런 자각이 들자 가슴이 미어졌습니다.

자기 성찰과는 별도로 상대와의 관계에서도 입을 닫고 귀를 여는 건 여러 가지 의미가 있습니다. 내가 입을 닫고 상대의 말을 들으면 맑든 탁하든 상대의 기운이 내게로 흡수됩니다. 듣고 또 들으면 상대가 어떤 사람인지, 장단점이 무엇인지, 질량이 어느 정도인지 파악이 됩니다. 반면에 나는 입을 다물었기에 상대는 나를 가늠할 수 없게 됩니다. 그러면 부지불식간에 갑을 관계가 만들어져 내가 상대보다 우위에 서게 됩니다.

"함부로 말을 섞지 말라."

정법의 이 멘토링이 귓전에서 강렬한 기세로 맴돌았습니다. 덕분에 비교적 빠른 시간 안에 아무 생각 없이 함부로 말을 섞었던 악습이 많이 고쳐진 것 같았습니다.

물론 정법은 궁극적으로는 모든 사람과 대화를 나누고 우리가 되라고 독려합니다. 하지만 매사에는 단계가 있습니다. 초보자 주제에, 질량도 신통치 않으면서 탁한 상대를 그냥 가까이 하면 상대를 수용하기 이전에 내가 먼저 쓰러집니다.

7-2

과거의 잘못에 코를 꿰이지 마라

내가 가족들을 제대로 챙겼던가? 친구나 선후배 동료들을 신용 있게 대했던가? 지난날을 돌아보면 잘못한 일들이 먼저 떠오릅니다. 반성 측면에선 바람직한 자세입니다. 하지만 그 정도가 지나쳐 죄책감에 빠지면 오늘을 망치는 부작용으로 이어집니다.

정법은 과거의 잘못에 대해서도 상식과는 180도 다른 판단을 내립니다. 우선 내가 한 잘못이 상대에겐 선순환을 일으키는 측면이 있다고 설명합니다. 가령 내가 누군가에게 난폭한 행패를 부렸다면 당한 상대 입장에선 큰 공부가 될 수 있습니다. 대자연은 그런 방식으로 사회 전체에 선순환이 일어나도록 작동한다는 것입니다. 물론 잘못한 내 입장에선 그걸 반성해야만 바르게 성장합니다. 그걸 안하면 그 업보는 반드시 내게로 돌아옵니다. 사회에는 선순환의 계기를 제공했지만 자신에게는 운세를 망치는 멍청한 짓을 한 것입니다.

삶의 고비마다 부당하게 모멸을 당한 적이 있었습니다. 방심하고 있다가 뒤통수를 세차게 맞고 추락한 적도 있었습니다. 마음에도 없이 윗사람의 비위를 맞추고 아랫사람들에게 그 화풀이를 한 적도 있었습니다.

"내가 당했던 행태들은 언젠가 내가 남에게 했던 가해입니다. 잘 나갈 때 남을 업신여겼다면 운세가 꼬였을 때 나 또한 정확하게 모멸을 당합니다. 형편이 좋을 때 남을 돕지 않았다면 궁지에 몰렸을 때 나 역시 도움을 받지 못합니다."

정법은 이렇게 설명했습니다. 그러면서도 잘못된 과거를 머리 싸매고 후회하는 대신 거름으로 삼으라고 당부했습니다. 잘못된 과거를 연료로 삼아 태우면 거기에서 나오는 엄청난 에너지가 새로운 나를 만드는 원동력이 된다는 것이었습니다. 그렇기에 과거의 잘못을 곱씹으며 자책만 하는 건 절대 금물입니다. 그렇게 하면 잘못된 상황에 주파수를 맞추게 됩니다. 그러면 그런 상황을 다시 끌어들이게 됩니다.

물론 이런 경고는 마음공부의 다른 영역에서도 비슷하게 등장합니다. 시크릿은 원하는 상황에 주파수를 맞추라고 했습니다. 호오포노포노는 나쁜 상황을 제로로 정화하라고 했습니다. 마음수련은 강도 높은 죽고 버리기를 통해 악연의 파장 그 자체를 끊어버리라고 합니다. 다 맞는 말입니다. 하지만 실제로 해보면 그게 생각처럼 쉽지만은 않다는 게 문제입니다.

정법을 공부하면서 과거의 잘못에 대한 이해가 근본적으로 달라졌습니다. 굳이 의도하지 않았는데도 정법공부 이전과 이후의 자신은 별개의 존재라는 쪽으로 마인드가 변했습니다. 10년 전의 나는 지금의 내가 아닙니다. 5년 전의 나도 지금의 내가 아닙니다. 어제의 나도 지금의 내가 아닙니다. 특별히 강제하지 않으면서 이렇게 사람의 멘탈을 바꿔주는 게 정법만이 가진 독특한 힘입니다.

7-3

모순은 쉬운 것부터 수치로 교정

'강한 적은 피하고 약한 적을 공략하라.'

손자병법의 이 가르침은 인성공부에도 그대로 적용됩니다. 자신의 7가지 모순을 정돈하려면 전략적인 접근이 필요합니다. 해묵은 악습이거나 타고난 성향, 오랫동안 방치했던 약점이기에 그 힘이 생각보다 훨씬 더 강력하기 때문입니다.

1군: 두려움, 미움
2군: 분노(감정분출), 격한 절연
3군: 남 탓, 고집, 잘난 척

100일 공부를 시작하면서 자신의 7개 모순을 이렇게 3개 카테고리로 정리했습니다. 모순의 강도를 자신이 주관적으로 느끼는 정도에 따라 분류한 것입니다.

처음에는 저 중에서 분노의 감정분출을 우선적으로 정리하려고 했습니다. 하지만 역부족이었습니다. 모순의 힘은 자신의 의지력이나 자제력보다 훨씬 더 강력했습니다. 감정분출을 자제하려니 도리어 감정이 더 많이 올라왔습니다. 욱하는 기질도 더 빈번하게 발산됐습니다.

이런 시행착오를 겪은 뒤에 방법론을 바꾸었습니다. 가장 쉬운 모순부터 먼저 정리하는 게 맞겠다는 생각이 들었습니다. 그래서 '격한 절연'을 우선처리 모순으로 잡았습니다. 호오(好惡)가 분명한 성격인지라 그동안은 '아니다'는 판단이 들면 관계를 칼같이 끊어버렸습니다. 대상은 남녀를 구분하지 않았습니다. 타고난 기질인지라 자신에겐 쉬운 방식이었지만 상대가 받는 충격은 간단치 않은 것 같았습니다.

직접 실천해보니 '격한 절연'의 모순을 상대적으로 쉽게 다스릴 수 있었습니다. 우선 마음으로나마 인맥을 100% 정리했기에 절연할 대상 자체가 없었습니다. 선택과 동시에 해결된 모순이었습니다. 그래도 간혹 연락 오는 사람들에겐 '내가 뭘 좀 배우느라 바쁘다, 이거 끝나고 나중에 보자', 그 정도 선에서 정리를 했습니다. 그건 단칼에 절교를 단행하는 것보다 훨씬 더 효과적이었습니다. 내 입장에선 감정이 악화되지 않아 좋고 상대 입장에서도 상처받을 이유가 별로 없었습니다. 또 부드럽게 대했지만 만나지 않으니 관계는 절로 정돈이 됐습니다. 이걸 도표로 정리하면 대략 다음과 같습니다.

100일 공부의 변화

모순	Before	After	증감
분노	9	2~3	−6~7
미움	9	1~2	−7~8
두려움	8	2~3	−5~6
남 탓	8	2~3	−5~6
고집	7	2~3	−4~5
잘난 척	7	2~3	−4~5
격한 절연	9	1~2	−7~8

모순이 대폭 정리된 것이 한눈에 파악됩니다. 100일간의 단기간에 모순들이 이 정도로 고쳐진 것이 스스로 생각해도 놀라웠습니다. 물론 사노라면 다시 또 모순의 강도가 더 세질 수도 있습니다. 타고난 성향, 해묵은 악습은 원래 뿌리가 깊으니까요. 하지만 이제는 그런 일이 발생해도 별로 놀라거나 자책하지는 않을 겁니다. 신속하게 잘못을 인지하고 바로 탄력성을 회복할 것 같습니다.

100일 공부를 하면 자신의 모순도 점점 더 구체적으로 인지됩니다. 공부를 하는 도중에 '두려움'이 감춰진 모순이란 걸 자연스레 알게 됐습니다. 그래서 당초에 설정했던 7개 모순을 수정해 두려움을 1순위로 올리고 '삐침'을 빼버렸습니다. 공부를 하면서 모순의 대상이 처음과는 다르게 인지되면 언제라도 저렇게 수정하면 됩니다. 또 그렇게 해야만 자신의 모순들을 더 정확하게 고쳐나갈 수 있습니다.

정법은 모순을 고치는 것도 3단계 과정을 거친다고 설명했습니다. 처음엔 30%가 고쳐지고, 그 다음에 다시 30%, 마지막으로 40%가 교정된다는 것이었습니다. 3년 공부를 제대로 하면 사람이 180도 달라진다는 얘기도 했습니다.

하지만 가장 중요한 건 자신의 모순을 고치겠다는 집착을 놓는 것입니다. 모순이 있다면 일단은 그걸 자각하는 것으로 충분합니다. 그 상태에서 정법 공부를 재미있게 해나가면 시간과 함께 모순은 서서히 사라집니다. 반면에 모순을 빨리 고치겠다고 용을 쓰면 모순은 더 견고하게 버티는 역설이 발생합니다. 목표에 집착하는 태도가 결과적으로 모순을 더 고착시키는 것입니다.

이런 점은 질병의 경우를 통해 더 명백하게 입증이 됐습니다. 그저 정법을 재미있게 공부했던 사람들은 자신도 모르는 사이에 병마에서 벗어났습니다. 질병의 원인으로 작용했던 생각의 모순들이 풀려버렸기 때문입니다. 하지만 병을 낫겠다는 목적으로 강의를 들었던 사람들은 대부분 허사에 그쳤습니다. 질병치료에만 매달리니 강의를 들어도 흡수가 되지 않았던 것입니다.

두려움의 경우도 모순의 뿌리라고 자각을 했다면 그것으로 충분합니다. 공부를 통해 법기가 차면 무엇보다 먼저 겁이 없어집니다. 영혼이 충만해지면 저절로 그렇게 됩니다. 정법을 제대로 공부하면 나중에는 간이 배밖에 나온다는 우스갯소리도 합니다. 또 어느 순간 다시 두려움에 떤다고 하더라도 이전처럼 그렇게 오래 지속되지는 않습니다.

물론 두려움의 모순을 극복한다고 해서 두려움의 순기능까지 없애는 건 아닙니다. 두려움도 필요가 있기에 생겼고 실제로 중요한 기능을 수행하고 있습니다. 사람은 두려움이 있기에 함부로 죽지 않고 삶을 이어갑니다. 두려움이 없었다면 경솔하게 전쟁을 벌이고 뭔가 뜻대로 안되면 바로 자신의 목숨을 끊어버리는 참사들이 곳곳에서 빚어졌을 것입니다.

7-4

3일 단위의 목표만 생각한다

밤길에 차를 몰고 먼 길을 가려면 헤드라이트를 켜야만 합니다. 헤드라이트가 비추는 불빛은 기껏해야 10미터 전방 정도입니다. 하지만 그 불빛만 있으면 우리는 밤길에도 차를 몰아 100킬로, 1000킬로 장거리도 거뜬하게 주파할 수 있습니다.

100일 공부. 지나고 보면 잠깐이지만 출발점에서 보면 아득하게 먼 길입니다. 처음부터 100일만 생각하면 마음이 힘들어 지쳐버릴 수 있습니다. 그렇기에 공부시간은 3일 단위로 잘게 잘라서 접근을 해야 합니다. 만약 3일도 부담스럽다면 다시 1일로 더 축소해야 합니다. 초발심을 일으켰다면 아무리 나약한 사람이라도 1일은 견딜 수 있습니다. 1일이 열 번 쌓이면 10일, 100번 쌓이면 100일이 됩니다. 3일이 열 번 쌓이면 30일, 서른세 번 쌓이면 99일이 됩니다. 쉽고 가볍게 접근했지만 그게 반복되고 누적되면 간단치 않은 성취가 이뤄지는 것입니다.

49살 시절, 40대를 정리하는 기념 이벤트로 '마라톤을 한번 완주해야겠다', 그런 동기가 일어났습니다. 내친 김에 바로 운동화로 갈아 신고 퇴근길을 질주했습니다. 하지만 으윽, 켁켁..3백미터도 채 못 달리고 숨이 꽉 차서 길바닥에 주저앉았습니다. 42.195킬로미터는 인간이 달릴 수 있는 거리가 아닌 것 같았습니다. 그건 짐승들에게나 가능한 거리였습니다.

'너 미쳤냐? 빨리 꿈 깨.'

집까지 남은 길을 터벅터벅 걸어가면서 자신을 마구 구박했습니다. 많이 비참했습니다. 하지만 구박을 할 만큼 하고나자 내면에서 아이디어가 하나 떠올랐습니다.

'그래, 1킬로만 뛰자. 1킬로 42번 더하면 완주 아닌가? 연습도 별도로 해서는 절대 안되겠다. 그냥 출퇴근길을 걷고 달리면서 생활의 일부로 만들어야 지속이 되겠다.'

결론부터 먼저 말씀드리면 300미터를 채 못 달리고 폭삭 주저앉았던 49살 남자가 연습 8개월 만에 조선일보 춘천마라톤 대회에서 풀코스 42.195킬로미터를 거뜬하게 완주했습니다. 결승 테이프를 끊을 때는 자신도 모르게 눈물이 핑 돌았습니다.

'참 희한하네.', 정법공부를 시작한지 얼마쯤 지나자 그런 생각이 들었습니다. 마라톤을 하면서 스스로 체득했던 방법론이 정법에선 핵심적인 방법론으로 제시돼 있었습니다.

1. 목표를 잘게 자른다.
2. 생활 속에서 공부를 한다.
3. 한뜸 한뜸 나아간다.

마라톤을 하면서 1킬로 목표 대신 42.195킬로만 계속 고수했다면 십중팔구 중간에 포기했을 겁니다. 정법에서도 100일 공부, 3년 공부, 7년 공부, 10년 공부를 거론하지만 단위목표는 어디까지나 3일을 권유하고 있습니다. 까짓것, 3일을 버티지 못할 사람이 어딨습니까?

마라톤 연습을 별도로 시간을 내서 하려고 했다면 역시 중도에서 포기했을 겁니다. 하지만 출퇴근 시간에 트레이닝 차림으로 연습을 했기에 출퇴근이 곧 연습이 됐습니다. 세상에서 가장 편한 출근복, 당시 회사 동료들은 그렇게 말했습니다. 트레이닝 차림으로 회사에 도착해 시원하게 샤워를 한 뒤 양복으로 갈아입고 근무를 시작하면 업무 능률도 팍팍 올랐습니다. 아침 운동을 했기에 기분이 유쾌하게 변했고 주변에서도 더 좋아했습니다.

정법강의를 듣는 건 주유소에서 기름을 넣는 것과 비슷합니다. 주유소에서 기름을 넣지만 차가 달리는 곳은 도로입니다. 정법도 마찬가집니다. 법문의 에너지를 넣는 곳은 유튜브 정법강의나 법문장입니다. 하지만 그걸 실천하는 곳은 생활공간입니다.

가정과 일터, 이곳에서 부딪히는 사람과 사연 등이 바로 진짜 공부입니다. 그래서 정법을 '생활도'라 부릅니다. 출퇴근길 마라톤 연습과 너무나 닮았습니다.

마라톤의 첫날 연습에서 300미터 참패를 당한 뒤에는 몸이 한사코 달리기를 거부했습니다. 그래서 다음날부터는 트레이닝 차림으로 걷기만 했습니다. 하루, 이틀, 사흘... 꾸역꾸역 걸었습니다. 석 달이 지나자 몸이 마침내 달리고 싶어 했습니다. 그때부터 달리니 다리에 탄력이 살아났습니다.

정법도 한뜸 한뜸 공부하라고 누누이 당부합니다. 한방에 후다닥 뚝딱이 결코 아닙니다. 둔하면 둔한대로, 늦으면 늦는대로 한뜸 한뜸 해나가는 것이 최선입니다. 그것이 나중에는 가장 빠른 방법이 됩니다.

7-5

공부일지를 반드시 작성한다

인성 180도 바꾸기

"나는 내가 가진 거울 3개 중에서 1개를 잃어버렸다. 하나는 의관을 비추는 거울, 다른 하나는 실패한 역사에서 배우는 정치의 거울, 마지막 하나는 자신의 그릇됨을 비추는 위징의 거울이다."

간언으로 유명했던 명재상 위징이 병사하자 당태종 이세민은 저렇게 탄식했습니다. 거울이 없으면 더 이상 자신을 비춰볼 수 없습니다. 그의 탄식에는 공감이 가는 바가 많습니다. 하지만 당태종이 거론한 거울 이외에도 중요한 거울이 1개 더 있습니다. 자신의 내면을 비추어 보는 거울입니다.

나의 내면을 비춰주는 거울은 과연 무엇일까요? 현재로선 기록이 바로 거울입니다. 언젠가는 기술이 발달해 내 마음을 찍어주는 사진기도 나오겠지만 적어도 현재까지는 기록이 내면을 비추는 유일한 거울입니다. 일기가 대표적입니다. 100일 공부는 자신의 내면을 바꾸는 시간입니다. 그 작업을 효과적으로 진행하려면 반드시 공부일지를 작성해야 합니다. 내면의 상념들은 말보다 더 빨리 사라집니다. 하지만 그 상념들을 기록으로 포착하면, 말을 동영상으로 녹화해 만인에게 배포할 수 있듯이 두고두고 요긴하게 공부의 재료로 활용할 수 있습니다.

1일 – 내 욕을 한 인간에게 화가 많이 난다.
7일 – 생각할수록 이상한 놈이네.
17일 – 내가 뭘 잘못했기에 저런 자가 다가왔을까?
21일 – 나 때문에 저자가 악역을 맡게 됐구만.
25일 – 내 잘못은 70%, 그의 잘못은 30%에 불과해
30일 – 덕분에 내 잘못을 파악했어.
안 그랬으면 더 큰 화를 당할 수도 있었겠어.
31일 – 내가 왜 그에게 화를 냈지? 알고 보니 내 은인인데.

자신의 경험을 가상의 날짜에 대략 이렇게 옮겨봤습니다. 시간이 흐르고 공부가 진척되면 생각의 초점이 저런 식으로 바뀌게 됩니다. 하지만 기록을 하지 않았다면 저런 변화의 흐름을 정밀하게 파악하기 어렵습니다. 시간이 지나고 나면 기억은 십중팔구 가물가물해집니다. 그렇기에 공부일지의 작성은 100일 공부의 필수도구입니다.

정법은 일지를 작성하면 늦어도 3년 안에 책을 1권 발간해 세상과 공유하라고 권유합니다. 또 7년에 1권, 10년에 1권을 더해 한평생 3권의 책을 세상에 내놓으라고 당부합니다. 그것이 지식의 공유이자 세상에 대한 보답이라는 것입니다. 물론 저 3권은 미니멈입니다. 부지런한 사람은 1년 단위 혹은 100일 단위로도 책을 펴내면 됩니다. 책의 발간은 다다익선입니다. 물론 여기서 말하는 책은 인쇄된 저서만을 의미하진 않습니다. 블로그에 올리는 것도 사실상의 책이고 1인방송도 당연히 책에 해당됩니다.

"내 주제에 책은 무슨?"

만약 이렇게 생각한다면 오판입니다. 유치원 아동들에겐 아인슈타인 박사보다 '하나 둘', '셋 넷', '참새', '짹짹'을 유도하는 미스가 훨씬 더 훌륭한 스승입니다. 아인슈타인 박사를 유치원에 초빙하면 그가 뭘 제대로 해낼 수 있을까요? 거창한 상대성 이론이 유치원생들에게 무슨 소용이 있겠습니까?

"당신의 경험을 책으로 발간하세요."

그 책은 세상을 밝히는 빛이 될 것입니다. 세상에선 태양만이 빛을 발하는 게 아닙니다. 반딧불이가 내는 작은 빛도 세상을 아름답고 영롱하게 만들어 줍니다. 명색이 인간인 우리가 설마 반딧불이만도 못할 리는 없지 않겠습니까?

7-6

정법명상은 15분 안팎으로만

인성 180도 바꾸기

명상은 장점이 과포장된 반면 그 부작용은 지나치게 감춰져 있습니다. 그렇기에 정법은 명상의 부작용부터 먼저 엄중하게 경고합니다. 명상을 잘못하면 이른바 주화입마(走火入魔)에 걸리게 됩니다. 쉽게 말해 탁기, 즉 세상에서 귀신이라고 부르는 기운이 몸으로 차고 들어오는 것입니다. 주화입마에 걸린 사람들은 머리가 깨지듯이 아프든가 가슴이 꽉 막혀 쥐어뜯고 싶을 정도로 갑갑해진다고 합니다.

개인적으론 마음공부의 여정을 장기간 걸었기에 주화입마에 심하게 걸린 사람도 봤습니다. 50대 후반으로 보였던 그는 한마디로 심신이 극도로 황폐했습니다. 말 한마디를 조리 있게 다하지 못했고 정상적인 생활을 하는 게 불가능해 보일 정도였습니다.

명상을 하면 기분이 착 가라앉으면서 자신의 내면으로 들어가게 됩니다. 그러면 탁기들과 주파수대가 맞게 됩니다. 그런 상태를 오랫동안 지속적으로 반복하면 조건이 딱 맞았을 때 탁기가 차고 들어와 자리를 잡아버립니다. 또 그걸 제대로 떼어내지 못하면 당사자는 말할 수 없을 정도로 고통을 받게 됩니다.

그렇지만 명상의 장점도 분명히 있습니다. 그렇기에 정법에서도 아침에 일어났을 때나 밤에 잠자리에 들기 전에 명상을 하라고 권유합니다. 단 그 시간은 10분에서 15분 이내로 엄격하게 제한합니다. 명상의 황홀경에 빠져 그 시간을 자주 넘기면 부작용에 빠질 위험성이 높기 때문입니다. 또 명상을 하더라도 혼자 고요하게 내면으로 빠져드는 게 아니라 법문을 켜놓고 그 소리에 집중하도록 합니다. 그렇게 하면 허접한 탁기들이 침범할 수 없게 됩니다. 10분짜리 법문 하나를 들으면서 명상을 하고 나머지 5분 동안 아침에는 하루의 일과를 구상하고 밤에는 하루 일과를 반성하는 게 정법의 명상입니다.

정법명상을 하면 그 위력이 몸으로 직접 느껴집니다. 정좌로 앉은 채 유튜브로 법문을 들으면 그냥 듣는 것보다 훨씬 더 또렷하게 귀에 들립니다. 또 허리가 바르게 펴집니다. 특히 목뼈 부분은 최대한 '직각이다'는 느낌이 들 정도로 아주 꼿꼿하게 세워집니다. 의식적으로 몸을 그렇게 만드는 게 아니라 몸이 저절로 그렇게 세워집니다. 머리에는 어떤 에너지의 장이 묵직하게 꽉 죄는 듯한 느낌입니다.

그렇게 15분 정도 명상을 하고 나면 머리가 아주 맑아집니다. 근력운동을 한 것도 아닌데 팔, 다리에도 힘이 넘치는 것 같습니다. 특히 밤 명상을 하고 나서 잠자리에 들면 수면효과가 배가됩니다. 2시간만 자도 5-6시간을 푹 잔 것처럼 몸이 거뜬하고 기분도 좋아집니다.

7-7

공부는 계산이 없어야 한다

"몸이 많이 아픕니다. 나을 수 있을까요?"

"부도가 났습니다. 재기가 가능할까요?"

"좌천을 당했습니다. 다시 좋은 날이 올까요?"

"사랑이 꼬였습니다. 결혼할 수 있을까요?"

살다가 장벽에 부딪히면 사람들은 비로소 뭔가 잘못됐다는 걸 자각합니다. 잘난 척 나대는 대신에 자신의 잘못을 성찰하기 시작합니다. 건방도 줄어들고 다른 사람들의 조언에도 귀를 기울입니다.

고통이나 고난이 없으면 사람은 좀처럼 자신의 내면을 성찰하지 않습니다. 그렇기에 고통이나 고난은 역설적인 의미에서 축복이기도 합니다. 다만 공부를 하는 과정에선 한 가지 냉철하게 수용해야 하는 시금석이 있습니다. 설사 저런 동기에서 공부를 시작했더라도 일단 공부에 착수하면 그 자세가 근본적으로 달라져야 한다는 것입니다.

"싸움에서 만날까봐 두려워 피했던 실망과 패배가 우리 비겁함의 결과로 우리 앞에 나타나게 되는 것이죠. 그리고 어느 날, 죽어서 썩어버린 꿈들 때문에 더는 숨 쉴 수도 없게 된 우리는 죽음을 바라게 됩니다. 우리의 확신, 우리의 일, 그리고 일요일 한낮의 끔찍한 평화로부터 벗어나 자유롭게 해줄 죽음을요."

코엘료의 멘토 페트루스는 산티아고 700킬로 순례길에서 그가 약한 모습을 보일 때마다 이토록 따끔하게 경종을 울렸습니다. 정법 또한 다르지 않습니다. 흔들리는 영혼들에겐 냉철하게 경고를 합니다.

"병이 낫기 위해 공부를 한다? 그러면 그 병은 절대 낫지 않습니다. 돈을 벌기 위해? 벼슬을 되찾기 위해? 사랑을 이루기 위해? 이런 것들 역시 전혀 이뤄지지 않습니다. 그런 욕심을 갖고 있으면 공부가 스며들지 않기 때문입니다."

저런 자극을 받으면 정신이 번쩍 들어 다시 전의를 가다듬게 됩니다. 물론 우리도 머리로는 이미 알고 있었습니다. 인성 공부는 담백한 마음으로 자신의 잘못을 반성하는 것이 전부라는 걸, 가슴이 찢어지듯 아프면 그 아픔을 받아들이고, 뜨거운 눈물이 쏟아지면 그냥 펑펑 울어야 한다는 걸, 진심으로 반성을 했다면 뼈를 깎는 노력으로 자신의 모순을 고쳐야만 한다는 걸, 하지만 이런 것들이 단순한 인지를 넘어 납득하고 수용하는 단계로 발전하지 않으면 인성의 변화로 이어지긴 어렵습니다.

일상을 순례처럼 걷노라면 이런 저런 소식들도 귀에 들어옵니다. 정법을 공부하고 건강이 좋아졌다는 사례는 충분히 많았습니다. 사업이 풀렸다, 가정이 화목해졌다, 삶의 의욕을 되찾았다, 인간관계가 원만해졌다, 그런 사례들 역시 많았습니다. 아마도 그들은 티없는 초발심을 그대로 유지했기에 그렇게 됐을 것입니다.

'할까? 말까?'

이렇게 잔머리만 계속 굴리는 사람이라면 아예 시작을 안 하는 게 낫습니다. 그렇다면 공부가 되고 안 되고는 어떻게 구별을 할까요? 정법의 해석은 간단합니다. 눈에 독기가 있고 얼굴이 편안하게 바뀌지 않으면 공부가 안된 것이라고 했습니다. 물론 이런 사람들이 강의를 안 듣는 게 아닙니다. 많이 듣고 좋다고 감탄도 합니다. 하지만 강의 따로, 생활 따로 살아갑니다. 강의는 들었지만 모순을 고치는 노력을 기피한 것입니다. 한마디로 헛공부 했다는 얘깁니다. 산티아고 순례와 비교하면 자기 두발로 걷는 게 아니라 자전거나 오토바이를 타고 쌩쌩 달리는 것이나 다를 바 없습니다.

7-8

스승을 믿지 말고 자신을 믿어라

인성 180도 바꾸기

산티아고 700킬로가 거리로 만만치 않다면 100일 공부는 시간상으로 간단치 않습니다. 때로는 하루에도 수만 가지 상념이 떠올랐다 사라집니다. 그런 상념의 한 켠엔 자신을 절묘하게 속이는 트릭도 등장합니다.

"정법만 공부하면 대자연이 잘 되도록 해줄텐데 일할 게 뭐가 있나? 그런 생각으로 일을 그만둔 사람도 있습니다. 일 안하면 어떻게 됩니까? 그 사람은 밥 굶습니다."

유튜브 정법강의에서 언급된 사례입니다. 그 사람은 아마 정법강의만 들으면 인생이 저절로 술술 풀려갈 것으로 기대를 한 모양입니다.

산티아고 700킬로 순례를 하면 발이 부르트고 물집이 터지는 육체적 고통을 겪습니다. 반면에 일상을 살아가며 100일 공부를 하는 사람들은 수시로 흔들리는 약한 마음에 시달립니다. 이런 고비에 부딪히면 정법의 멘토링은 아주 단호하게 변합니다.

"스승을 믿지 마라. 스승을 믿는다는 것은 스승에게 의존하는 것이다. 왜 스승을 믿느냐? 자기 자신을 믿어라. 법문이 받아들일 만하면 그것만 받아들이라. 스승에게 가까이 다가오려고도 하지 마라. 그러면 도리어 내칠 것이다. 법을 배웠으면 일상에서 그걸 실천하고 전파하라. 스승은 그런 사람을 도리어 아끼고 도울 것이다."

개인적으론 이 법문이 특히 울림 있게 다가왔습니다. 이른바 마음공부를 오랫동안 해왔지만 스승이 자신을 믿지 말라고 언급하는 건 한 번도 보지 못했습니다. 어딜 가나 스승이 최고라고 했고 심지어 유일하다고 말하는 곳도 있었습니다. 책으로 접했던 스승들도 다를 바가 별로 없었습니다.

살아가는 태도에 대한 정법의 입장은 확고합니다. 비굴하지 말고 당당하게 살아가라는 것입니다. 신에게도 사람에게도 비굴하지 말고 스스로 공부해 스스로 자신의 문제를 처리하라는 것입니다. 스승에게 매달리고 의지하는 것도 비굴한 태도라고 규정합니다. 몸이 아픈 것도 자신의 인성을 닦아 스스로 치유하고, 탁기에 시달리는 것 역시 그런 자세로 처리하라고 독려합니다. 스승이 그걸 처리해주면 의타심이 생겨 스승에게 매달리는 노예가 된다는 것입니다.

하지만 우리 사는 세상에선 그 반대의 경우가 훨씬 더 많습니다. 조직이나 스승을 맹목적으로 따르고 거기에 목을 매는 군상들이 비일비재합니다.

"도를 아십니까?"

한때 거리에선 멀쩡하게 생긴 사람들이 행인을 붙잡고 저런 질문을 던지며 현혹한 적이 있었습니다. 하지만 지식의 형태로 전수된 가르침은 이제 인터넷 세상에 차고 넘칩니다. 굳이 저런 단체를 찾지 않더라도 인터넷만 두드리면 고급스런 법문이나 설교를 배불리 섭취할 수 있습니다.

"도를 아십니까?" 물으면 "인터넷 들어가서 알아보지요." 이렇게만 답하고 돌아서면 됩니다.

하지만 스스로 자괴감이 많이 듭니다. 지난날의 제 행적이 저 설명과는 정반대였기 때문입니다. 마음공부를 한답시고 자발적으로 수련단체나 구루를 찾아갔고, 그들에게 돈과 시간과 존경을 바쳤습니다. 그런 짓을 하면서도 어떤 깨침이나 마음의 평온을 바랬던 인간이 다름 아닌 자신이었습니다.

"당신이 왜 마음공부에 끌려간 줄 알아? 약해서 그런 거야."

언젠가 강의 뒤풀이 식사자리에서 마주앉았을 때 진정 스승님은 저렇게 풀어주었습니다. 말문이 막혔습니다. 나름대로 각오를 단단히 하고 뛰어들었던 마음공부, 때로는 수련의 고통이 너무 극심해 방바닥을 구르며 비명까지 질렀던 그 시간들의 의미가 한 방에 무너지는 것 같았습니다.

7-9

체질을 알면 이해가 깊어진다

인성 180도 바꾸기

내 체질은 과연 무엇일까? 분노의 감정을 추적하다가 문득 그런 생각이 들었습니다. 인터넷에서 사상체질 자료를 찾아 지나간 인생 궤적에 맞춰 보니 금체질 같았습니다. 또 각각의 체질을 다시 2개씩 세분화해 설명한 팔상의학에 대입해보니 열성태양인이라는 판단이 들었습니다. '태양인은 분노의 감정이 강하다', '분노를 잘 추슬러야 한다'는 설명에 시선이 끌렸습니다. 고개가 절로 끄덕여졌습니다.

'타고난 체질이 그랬구나. 그래서 남들보다 화를 더 잘 냈구나.'

체질공부를 꼭 하라는 법문을 듣기는 했지만 그동안은 별로 끌리지 않았습니다. 하지만 유난히 강했던 분노의 감정이 다소

의아해 그 원인을 추적하다 보니 체질공부에 접근하게 됐습니다.

금체질은 남을 위해 살 때 자신의 삶이 잘 풀리고 빛나게 된다고 정법은 설명했습니다. 홍익인간을 실천하기에 적합한 체질입니다. 반면에 공부가 덜되면 보는 것마다 성에 차지 않아 화를 잘 내는 체질이기도 합니다. 그렇기에 정법은 금체질의 사람들은 무엇보다 입을 다물어야 한다고 당부했습니다.

성격적인 단점은 체질마다 다 있었습니다. 목체질인 태음인은 고집이 황소고집이라고 했습니다. 토체질인 소양인은 성미가 급하고 수체질인 소음인은 질투가 심하다고 했습니다. 저마다 만만치 않은 모순을 갖고 있다는 얘깁니다. 아마 체질마다 고집이나 성급함, 질투 등을 제대로 다스리지 못해 일상에서 상당히 애를 먹고 있을 겁니다.

내친 김에 인터넷을 더 뒤져보니 서양에선 애니어그램이 있었습니다. 애니어그램은 사람의 성향을 장형, 가슴형, 머리형으로 크게 삼등분 했습니다. 또 각각의 유형 안에서 다시 3개씩의 유형을 더 만들어 모두 9개의 성향을 추출했습니다. 사상의학보단 하나가 적고 팔상의학보다는 하나가 더 많았지만 전체적인 윤곽은 사상체질과 비슷했습니다.

기업의 경우 삼성은 머리형, 현대는 장형, 엘지는 가슴형에 해당한다는 설명이 재미있었습니다. 서울대는 머리형, 고대는 장형, 연대는 가슴형이라는 설명도 있었습니다. 자신의 성향을 대입해보니 장형으로 나왔습니다. 가족들도 시험삼아 적용해 보았습니다. 아내와 두 자녀들은 사상체질상 수체질로 보였습니다. 그러나 애니어그램을 대입하면 머리형과 가슴형으로 나눠지는 것 같았습니다.

사상체질이나 애니어그램을 깊이 있게 이해하려면 밑도 끝도 없을 겁니다. 어쩌면 한평생 공부해도 시간이 모자랄지도 모릅니다. 하지만 간략하게 대강만 알아도 얻는 게 적지 않았습니다. 정법의 기준을 적용해 판단하면 어떤 논리든 30%만 익히면 일상에서 유익하게 활용할 수 있습니다.

피상적이나마 체질을 공부하면서 사람의 성향은 저마다 다르다는 점을 더 분명하게 이해했습니다. 자신만의 잣대로 다른 사람들을 함부로 재단했던 실수들도 반성이 됐습니다. 사람을 만났을 때 그 체질을 먼저 체크하는 건 상대에 대한 예의라는 생각도 들었습니다. 상대의 체질을 먼저 파악하면 이전처럼 '저 사람이 왜 저럴까', '왜 내 맘 같지 않을까', 이렇게 멋대로 재단하는 심리적 행패가 대폭 줄어들 것 같습니다.

체질은 남성이나 여성의 몸처럼 선천적으로 타고 나는 것입니다. 이를 후천적으로 바꿀 수는 없습니다. 정법은 그러나 아쉬워하거나 실망할 이유가 전혀 없다고 설명했습니다. 대자연은 각자의 업장을 소멸하기에 가장 유리한 체질을 각자에게 주었다는 것입니다. 내가 태양인이면 태양인 체질이, 소음인이면 소음인 체질이 내 업장을 소멸하는데 가장 적합한 체질이라는 것입니다. 그러니 자신의 체질을 두고 좋다, 나쁘다를 따지기보다는 그걸 최대한 잘 활용하는 게 현명한 대응입니다.

Chapter

8

인공지능 vs 인성

8-1

초시대 인성교육, 정법의 탄생

인성 180도 바꾸기

정법강의를 들으면 들을수록 불가사의한 느낌이 들었습니다. 어떻게 인간에게 이런 통찰이 가능할까? 어떤 수행을 했기에 개인문제는 물론 사회와 국가, 심지어 천지창조와 원시반본(原始反本)에 이르기까지 즉석에서 막힘없이 답을 척척 내놓을 수 있을까?

"천지 아래 무엇이든 물어라.", 이토록 대단한 자신감은 어디에서 나온 것일까? 이런 궁금증을 풀기 위해 나름대로 취재를 했습니다. 주변의 증언과 전언을 듣고, 법문에 공개한 내용들을 점검하고, 기회가 아주 제한적이었지만 진정 스승님 본인의 얘기도 들으며 성장의 여정과 정법의 탄생과정을 추적해봤습니다.

'세상에 믿을 놈이 없다.'

30대 초반의 그는 극도로 좌절했습니다. 믿었던 지인에게 7억 원을 사기당했습니다. 대략 35년 전의 7억이라면 지금 시세로는 70억 원이 넘을 금액입니다. 무역업을 통해 벌었던 그 돈을 지인에게 사기를 당해 한방에 날리고 말았습니다. 그런 사기를 연속으로 세 번이나 당했습니다. 성질이 대단했던 그도 마침내 살아갈 의지를 잃었습니다. 주변엔 미국으로 이민 간다고 속이고 신변을 정리한 뒤 부산 근처의 신불산으로 들어갔습니다. 아무도 모르는 곳에서 자살을 단행하기 위해서였습니다.

"왜 죽으려고 하시오?"

산에서 우연히 만난 노파가 그렇게 물었습니다. 그는 흠칫 놀랐습니다. 이 여자가 어떻게 알았지? 아무래도 산기도를 하러왔던 무속인 같았습니다.

"죽더라도 이유나 알고 죽으시오. 100일 동안 내가 정말 죽어야 하는지 그걸 생각해 보시우."

알 수 없는 힘에 압도당한 그는 그날부터 자기 인생을 돌아봅니다. 정말이지 간단치 않은 삶이었습니다. 4살에 부산의 어떤 고아원에 버려지고 6살에는 동네 불량소년들에게 집단폭행을 당해 21일간 혼수상태를 헤매다 깨어났습니다. 그 이후엔 신문팔이, 껌팔이, 구두 닦기 소년으로 성장했습니다. 학력은 초등 2년으로 끝났습니다.

소년은 집단폭행의 복수를 하기 위해 이를 악물고 태권도를 익혔습니다. 17살에는 최연소 태권도 4단이 됐습니다. 관장이 물려준 도장을 운영하다가 무역업을 시작했습니다. 사업에 소질이 있어 큰돈을 벌었습니다. '이제는 인생이 좀 풀리나 보다.', 그렇게 안도했던 순간에 지인들에게 통렬하게 뒤통수를 맞고 말았습니다.

"하나님을 믿느니 니 주먹을 믿어."

그토록 당당하게 살았건만 도대체 뭐가 잘못된 것일까? 난 열심히 살았고, 의리를 지켰고, 지인들도 화끈하게 도와주었는데 왜, 내가 이렇게 당해야 하는데? 아무리 생각해도 억울하고 분하기만 했습니다.

하지만 100일에 근접했던 어느 날 그는 계곡 바닥에 무릎을 팍 꿇게 됩니다. 그리고 하늘에 고하게 됩니다.

"제가 잘못했습니다."

"잘 나지도 못한 인간이 그렇게 잘난 척을 했습니다. 고집은 불통이어서 주변에서 손도 대지 못했습니다. 그런데도 남 탓을 했습니다. 자신은 옳고 주변은 틀렸다고 건방을 떨었습니다."

그날부터 그의 반성 행각이 시작됩니다.

"세상을 더럽혔으니 계곡에 쓰레기를 줍겠습니다. 지금은 할 수 있는 게 이것밖에 없습니다. 세상을 이롭게 한 것이 없으니 쓰레기 속에 버려진 음식만 먹겠습니다. 그것도 없으면 그냥 굶겠습니다. 입을 다물어 말을 하지 않고 감히 사람들과 눈을 맞추지 않겠습니다."

그런 세월이 17년 흘렀습니다. 허름한 텐트에 은박지 하나 깐 게 숙소였습니다. 쓰레기에 섞여 버려진 음식이 양식이었습니다. 70번 정도를 굶어죽고 얼어 죽기 직전까지 갔습니다. 그때마다 등산객 등이 발견해 그를 살려냈습니다.

구도? 그런 거창한 생각은 애초에 없었습니다. 그냥 죽으려고 산에 들어갔다가 자신의 잘못을 깨달아 입다물고 반성하며 쓰레기 청소한 게 전부였습니다. 하지만 일체 입을 다물고 자연의 변화를 그대로 받아들이자 스스로 문리가 터졌습니다. 10년이 지나자 사람들의 말을 들으면 그에 대한 해답이 쫙 떠올랐습니다. 그래도 입을 다물었습니다. 그리고 마침내 자신이 누구인지 알게 됐습니다. 다름 아닌 홍익인간이었습니다. 혼신의 힘을 다해 지신을 불사르며 널리 인간을 이롭게 하는 게 홍익인간입니다.

17년이 되는 해, 중풍으로 몸의 반쪽이 마비된 노파가 눈 덮인 산을 설설 기면서 그를 찾아왔습니다. '옛날엔 가진 게 넉넉했고 사람도 많았는데 지금은 다 떠나고 없다.', '공부할 곳조차 없는데 어떡하면 좋겠냐?'고 물었습니다. 말은 그렇게 했지만 자신의 병을 좀 낫게 해달라는 표정이 역력했습니다. 그는 일언지하에 치유를 거절하고 노파를 크게 나무랐습니다. '자연이 당신에게 재물을 주고 사람을 많이 붙여 주었다. 그런데 당신은 그걸 어떻게 했느냐? 그 많은 사람들 다 절로 끌고 가 엎드려 빌도록 만들고 살림은 망하게 하지 않았냐? 당신 또한 그 많던 재산 다 날리지 않았냐? 그런 잘못을 저질렀으니 반신불수가 되는 게 당연

하지 않느냐?'

노파는 펑펑 울며 눈길을 기어 내려갔습니다. 하지만 며칠 뒤에 또 낮은 포복으로 올라와 한 말씀만 더 들려달라고 읍소했습니다. 그는 또 노파를 꾸짖고 돌려보냈습니다. 설움에 복받친 노파는 대성통곡을 하며 산길을 기어 내려갔습니다. 그런데 중간쯤부터 몸이 조금씩 풀리더니 나중에는 펄펄 뛰어서 달려 내려갈 수 있었습니다.

대경실색(大驚失色)한 노파는 동네방네 소문을 냈습니다. 돈 없고 빽 없고 병든 인간들을 우르르 데리고 또 산으로 찾아왔습니다.

"내가 당신한테 침을 썼느냐, 약을 썼느냐? 그냥 당신의 잘못을 짚어주지만 않았느냐. 누구든지 자기 잘못을 반성하면 병은 절로 낫는다. 병에 집착하지 말고 잘못된 생각을 바로 잡아라. 사람이 바르게 살면 잘못되는 법이 없다."

정법은 그렇게 탄생했습니다. 처음엔 찾아온 사람들에게만 법문을 해주었습니다. 그러다가 나중에 법문을 녹화해 유튜브에 올려주었습니다. 돈이 없는 사람들은 객기 부려 찾아오지 말고 자기 자리에서 공부하라는 취지였습니다. 형편이 되는 사람들을 위해선 한 달에 한번 꼴로 오프라인에서 법문장을 열어 법을 전했습니다. 물론 그 법문들은 99% 유튜브를 통해 만인에게 공유했습니다.

정법의 법문은 내국인뿐만 아니라 외국인들도 유튜브를 통해 당연히 들을 수 있고 또 들어야 합니다. 그걸 위해 현지의 교포들에겐 그 나라의 언어로 자막도 달아주라고 당부했습니다. 정법은 만인의 법입니다. 특정인이나 특정집단만의 법이 결코 아닙니다.

8-2

정법 100일 공부는 인성의 4차 혁명

인성 180도 바꾸기

문명은 이미 4차 산업혁명에 진입했습니다. 인공지능과 로봇이 무서운 속도로 발전하며 인간의 역할을 위협하고 있습니다. 사물의 경계가 빠른 속도로 무너지고 있습니다. 그렇다면 인간의 품성도 이에 발맞춰 4차 혁명이 일어나야만 합니다. 100일 공부를 시작한 주요 동기도 바로 이것이었습니다. 세상이 이토록 파격적으로 변한다면 인성 역시 그에 맞게 변해야 시대에 적응할 수 있습니다. 또 동서양을 통틀어 그런 콘텐츠를 갖춘 곳은 정법뿐인 것 같았습니다.

지식은 크게 일반지식과 본질지식 두 가지로 구분됩니다. 세속에 필요한 법학이나 경영학, 생명공학 등이 일반지식입니다. 반면에 인성을 다루는 정법은 본질지식에 해당됩니다. 비율로 나누면 일반지식이 70%, 본질지식이 30%를 차지합니다. 일반지식은 제 아무리 노력해도 딱 70%까지가 한계입니다. 그 위의 30%는 본질지식입니다. 이걸 갖추지 못하면 일반지식을 아무리 익혀본들 헛똑똑이 신세를 면하기 어렵습니다.

사람이 일반지식을 익히려면 열심히 공부해야만 합니다. 듣고 이해하고 외우고 다져야합니다. 예습과 복습을 부지런히 반복해야 몸으로 체화됩니다. 반면에 본질지식은 열심히 하면 할수록 더 튕겨나갑니다. 흡수가 되지 않습니다. 재미있게 하라는 이유가 이것 때문입니다.

100일 공부 과정에서 정법은 수시로 공부의 방법론을 다음과 같이 풀어주었습니다. 그런 가이드가 있었기에 시행착오를 대폭 줄일 수 있었습니다.

1. 유튜브로 정법공부를 시작하면 먼저 자신에게 절실한 문제를 키워드로 쳐서 그것부터 들어야 합니다. 건강이 안 좋다면 질병, 생활에 쪼들린다면 돈에 대한 법문들을 우선적으로 들어야 합니다. 그래야만 법문들이 귀에 쏙쏙 들어옵니다.

2. 반면에 고상하고 거창한 주제라도 마음이 끌리지 않으면 일단 제치고 넘어가야 합니다. 내 코가 석자인데 남북통일이나 대기업의 미래 같은 강의가 무슨 소용이 있겠습니까? 억지로 듣는 것, 의도적으로 참고 듣는 것은 별로 도움이 되지 않습니다.

3. 유튜브에 올려진 강의는 이미 8천9백강을 넘었습니다. 그걸 다 들으려고 한다면 가장 최근의 강의부터 시작해 역순으로 내려가며 들어야 합니다. 그래야만 시대환경에 맞는 법문을 우선적으로 흡수하면서 과거의 법문도 모순 없이 이해할 수 있습니다.

방대한 정법강의를 한마디로 요약하면 어떻게 될까요?

"당신의 생각을 바꾸어라." 이 문장 하나로 정리할 수 있습니다. 생각을 바꾸는 게 핵심 중의 핵심입니다. 모든 법문들은 사람의 잘못된 생각을 바로잡기 위해 이뤄졌습니다.

그렇다면 생각을 어떻게 바꿀 수 있나요? 이에 대한 해답을 체득하는 과정이 100일 공부입니다. 정법은 믿으라고 강요하지 않습니다. 일단 100일 공부를 해보고 맞다는 판단이 들면 본격적으로 공부를 하고, 그렇지 않으면 미련 없이 버리라고 합니다. 직접 100일 공부를 해보니 실제로 자신의 상식이 왕창 깨졌습니다. 상식이 깨지니 생각도 자연스레 바뀌었습니다. 상식은 견고한데 그걸 어떻게 깰 수 있었나요? 납득하면 상식도 무너집니다. 어떻게 납득하게 되나요? 맞다는 판단이 들면 납득이 됩니다. 그랬기에 100일 공부 이후에 망설임 없이 3년 공부에 착수할 수 있었습니다.

생각을 바꾸면 어떻게 될까요? 당신이 달라집니다. 당신이 달라지면 당신을 둘러싼 환경도 달라집니다. 당신에게 다가오는 인연이 달라지고, 기회가 달라집니다. 노력한 만큼 정확하게 빛나는 삶으로 바뀌게 됩니다. 인간은 성공하기 위해 태어났습니다. 우리는 실패하며 살아야 하는 하찮은 존재가 아닙니다.

세상 어디에서 살건, 남자건 여자건, 늙었건 젊었건, 사람은 저마다 행복과 성공을 갈망합니다. 그런 길을 열어주는 콘텐츠가 충분하기에 정법은 장차 세계 속의 교육 콘텐츠로 자리 잡을 것입니다. 지금은 케이팝과 드라마가 한류의 중심이지만 언젠가는 정법이 교육한류가 되어 세상을 뒤바꿀 것입니다.

인류를 복되게 하려면 우리는 무엇을 어떻게 해야 할까요? 답은 예상외로 간단합니다. 우리 주변을 복되게 하면 됩니다. 주변을 복되게 하려면 어떻게 하면 됩니까? 먼저 자신을 복되게 하면 됩니다. 자신을 복되게 하려면 어떻게 해야 합니까? 그건 이미 말씀드렸습니다. 자신의 생각을 바꾸면 됩니다. 생각을 복되게 바꾸면 삶은 자연법칙처럼 정확하게, 한 치의 오차도 없이 그렇게 바뀝니다.

8-3

구글 내면검색의 한계

인성 180도 바꾸기

구글의 차드 멍 탄이 개발했던 '내면검색' 프로그램은 한때 비상한 주목을 받았습니다. 단기간의 교육 결과가 대단했기 때문이었습니다.

1) 7주 동안 20시간 교육만 받고서도 교육생들의 뇌파가 티벳에서 평생 구도에 전념했던 수도승과 비슷한 수준으로 나타났다.

2) 교육생들은 내면의 평상심을 회복해 대인관계나 업무상의 갈등이 현저하게 줄어들고 업무성과는 대폭 향상됐다.

이런 결과가 발표되자 개인은 물론 기업들까지 구글의 내면검색에 비상한 관심을 보였습니다. 차드 멍 탄의 저서 『너의 내면을 검색하라』는 국내에서도 단숨에 베스트셀러가 됐습니다. 그를 국내로 초청해 특강을 듣는가 하면 사내 명상교육을 도입하겠다고 언론에 발표까지 한 대기업도 있었습니다.

"내가 가장 보람있게 생각하는 것은 내면검색 프로그램이 기업에서 일하는 보통사람들에게 상당한 도움을 주었다는 사실이다. 만약 이 프로그램이 선불교 명상센터 등에서 강도 높게 수련하는, 이른바 명상이 일상화되어 있는 사람들에게 이렇게 큰 효과를 보였다면 그것은 이리 요란하게 호들갑 떨 일이 못될 것이다. 하지만 이 교육은 현실의 진창에서 뒹굴며 가정을 이끌고 고도의 스트레스 환경에서 일하는 보통사람들을 대상으로 진행되었다. 그런데도 이런 사람들이 7주에 걸친 단 20시간의 교육만으로 삶을 바꾸었던 것이다!"

차드 멍 탄이 저서에서 언급했던 저 말을 들으면 매료되지 않는 게 도리어 이상합니다. 직원들의 인성교육에 골머리를 앓았던 기업의 CEO 입장에서는 귀가 번쩍 띄었을 것입니다. 하지만 이게 전부가 아니었습니다.

"이 놀라운 프로그램은 고작 3단계로 진행된다. 1단계 주의력 훈련, 2단계 자기 이해와 자기 통제, 3단계 유용한 정신습관 창조. 우리는 효과가 검증된 교육과정을 만들기 위해 최상의 과학적 데이터를 수집하고 관련 분야의 최고 권위자들을 불러 모았다."

기간은 단 20시간, 과정은 고작 3단계, 게다가 최고의 권위자들이 검증한 프로그램. 프로파간다 측면에서 본다면 강력한 임팩트를 다 갖추었습니다. 그럼 이런 교육을 받으면 사람이 어떻게 변할까요? 내면검색에서 제시한 사례들은 다음과 같습니다.

1. 엔지니어링 매니저 빌 듀안은 자신을 위한 양질의 시간을 갖는 게 더 중요하다는 것을 깨닫고 근무시간을 주당 4일로 줄인 후 승진했다. 빌은 자신을 돌아볼 시간을 마련했으며 더 적게 일하면서도 더 많이 성취할 수 있는 방법을 찾아냈다.

2. 세일즈 엔지니어 블레즈 파본은 내면검색을 통해 고객으로부터 한층 더 큰 신뢰를 얻게 되었다. 제품설명 도중 고객이 제기하는 반론에 더 침착하고 능숙하게 대응할 수 있게 됨은 물론 경쟁자들에 대해 연민어린 태도로 이야기하면서 용기와 정직의 미덕을 보여주었기 때문이다.

하지만 이제는 내면검색을 얘기하는 사람이 별로 없습니다. 구글에선 아직도 이 교육을 계속하는지 모르겠지만 적어도 국내 기업에선 더 이상 관심이 없는 것 같습니다. 한때 전 세계를 들썩이게 만들었던 '내면검색'의 열기가 왜 이토록 빨리 사그라졌을까요? 어찌 보면 시크릿 신드롬과 비슷합니다. 내면검색은 아마도 지속성에 한계가 있었던 것으로 추정됩니다. 스마트폰으로 비유하면 배터리 수명이 너무 짧아 내장된 소프트웨어까지 덩달아 빛이 바랜 것 같습니다.

개인적인 경험을 토대로 판단하면 수련의 기법들은 저마다 위력이 있었습니다. 통곡을 할 정도로 자기반성이나 참회를 유도했고 법열에 가까운 환희를 안겨주기도 했습니다. 결코 장난이 아니었습니다. 하지만 그런 기법들은 거의 공통적인 한계가 있었습니다. 그 효과가 오래 가지 않는다는 점이었습니다. 잠시 반짝했다가 다시 시들해졌습니다. 수련단체들 역시 처음엔 세상의 이목을 확 끌었지만 나중에는 팬클럽 수준으로 위축되는 경우가 많았습니다. '내면검색'도 아마 그중의 하나가 아니었을까, 그렇게 짐작이 됩니다.

내면검색의 지속성이 짧은 건 명상에 기반을 두었기 때문일 것입니다. 명상을 통해 느끼는 각성은 이성적인 납득이 아니라 주로 느낌의 형태로 이뤄집니다. 그렇기에 일정한 시간이 지나 감각의 각성이 가라앉으면 그 이유나 과정을 체계적으로 납득하지 못했기에 다시 각성 상태에 이르기가 쉽지 않습니다. 그렇게 할 수 있는 유일한 방법이 있다면 꾸역꾸역 명상을 계속하는 것입니다. 하지만 그건 구도자에게나 겨우 가능한 일입니다. 개인적으로 직장과 병행하면서 마음공부를 17년이나 지속했던 이유도 바로 이런 한계 때문이었습니다. 잡힐 듯 잡힐 듯이 잡히지 않고, 보일듯 보일 듯이 보이지 않았습니다. 안타까운 시간들이었습니다.

그럼에도 불구하고 그걸 전파하는 사람이나 수용하는 사람들이 반짝하는 각성의 순간을 지속적인 상태인 것처럼 과장한 것은 진실한 태도가 아니었습니다. 아마 어떤 욕심이나 기대가 앞섰기 때문에 그랬을 것입니다. 이런 점을 보완하지 않으면 내면검색을 비롯한 마음공부들은 혜성처럼 일시적으로 화려하게 빛나다가 순식간에 사라지는 한계를 벗어나기 어려울 것입니다.

그렇다면 북극성처럼 항상 빛나는 방법론은 없을까요? 뜻밖에도 대한민국에서 그 빛이 나왔습니다. 다름 아닌 정법입니다. 정법의 메카니즘은 내면검색이나 다른 마음공부들과는 180도 다릅니다. 감각의 각성이 아니라 이성적인 납득을 통해 스스로 달라지도록 유도합니다. 예컨대 분노의 경우 분노가 작동하는 원리를 차근차근 풀어 납득을 시켜주면 어지간히 둔한 사람도 100일 안에 분노에서 벗어나게 됩니다.

강의 형식으로 진행되는 정법강의는 교육적인 특성이 아주 강합니다. 또 실제로 인성교육을 핵심적인 과제로 수행하고 있습니다. 아직까진 국내 교육에 치중하고 있지만 머지않아 전 세계 사람들을 대상으로 인성교육에 나선다는 게 정법의 중장기 목표입니다. 인성에 대한 갈증은 인종과 성별, 나라를 넘어서는 보편적인 현상이기 때문입니다. 정법은 장차 만인에게 필요한 새로운 패러다임으로 자리 잡을 것입니다.

8-4

소울닥터의 시대적 수요

인성 180도 바꾸기

“자, 엄마한테 손. 아이 착해~.”

엄마가 아기한테 하는 말이 아닙니다. 어떤 여성이 반려견에게 하는 소리입니다. 사람인 여성이 짐승인 개에게 자신이 엄마라고 가르칩니다. 반려동물 천만시대인 요즘은 곳곳에서 흔히 볼 수 있는 장면입니다. 사람이 어쩌다 이렇게 개엄마, 개아빠가 됐을까요? 아마 사람들에게 너무 실망했기 때문일 겁니다. 사람은 나를 배신하지만 짐승은 나를 배신하지 않는다, 일단 그렇게 믿어버리면 사람보다 짐승이 더 좋아지게 마련입니다. 또 그 정도까진 아니지만 짐승이 가족보다 더 나를 따르고 반겨주면 그 애교에 혹해서 넘어갈 수도 있습니다. 그 어떤 경우건 사람이 그만큼 외로워졌다는 반증입니다.

생활 현장에선 사람과 사람이 파편처럼 갈라지고 있습니다. 곳곳에서 부부가 이혼으로 갈라서고 미혼남녀들은 결혼을 기피합니다. 당연한 결과지만 1인 가구가 급증하면서 혼밥, 혼술이 트렌드가 됐습니다. 융합을 지향하는 21세기의 시대정신과는 너무나 동떨어진 모습입니다. 업무에선 로봇에게 밀리고 관계에선 짐승에게 뒤지는 신세. 이런 존재가 과연 만물의 영장 맞을까요? 인간은 마침내 종이 소멸하는 비극적인 단계로 진입한 것일까요?

다행히 굿뉴스가 있습니다. 겐포 머젤 선사는 저서 『빅마인드』를 통해 아주 희망적인 아젠다를 제시했습니다.

"의식수준의 상승은 역사상 이 시대에 와서 가장 절실히 요구되고 있다. 한 종으로서 인류가 살아남고자 한다면 여태까지 온갖 위대한 영적 전통들을 따르던 극소수의 엘리트 구도자들에게만 가능했던 깨달음이 더욱 많이 일어나게 하는 것이야말로 우리가 앞으로 이뤄야 할 과제이다. 오늘날 우리가 지닌 기술적, 영적 지식들을 고려할 때 우리에게는 그 어떤 어려운 세계적 문제도 해낼 수 있는 힘이 있다."

영성계의 아인슈타인으로 불리우는 켄 윌버도 책의 추천사를 통해 저 아젠다가 '맞다'고 동의했습니다.

"나는 지금이야말로 길을 찾는 이 장대한 여행을 끝낼 때라고 생각한다. 길을 찾고 있는 한, 당신은 이 순간보다 나은 미래의 순간을 찾고 있는 것이다. 하지만 모든 열쇠는 지금 이 순간에 있다. 당신은 왜 깨어남으로부터 멀리 달아나려고 하는가?"

얼핏 들으면 현학적인 표현 같지만 그 취지는 구글의 내면검색과 궤를 같이 합니다. 영성 전문가들뿐만 아니라 일상을 살아가는 일반인들도 자신의 내면을 제대로 가꾸어 진정한 즐거움과 행복을 누리라는 얘깁니다.

하지만 그렇게 되기에는 현실적인 어려움이 도사리고 있습니다. 켄 윌버는 저서 『무경계』에서 사람들을 그렇게 이끌어 줄 소울닥터, 즉 영혼의사가 부족하다는 점을 깊이 우려했습니다. 인성이 나아갈 방향을 명쾌하게 제시했던 그도 그것을 현실적으로 이끌어줄 스승이나 멘토의 부족에 대해선 한걸음 물러서고 말았습니다.

"현재의 모든 상황을 지나서 무한 자체에 이르기까지 내려놓고 희생하고 봉사하고 실현시키는 일에 깊은 헌신의 정을 느낀다면 영적 수행은 자연스럽게 당신의 길이 될 것이다. 부디 이번 생에서 영적 스승을 만나는 은총과 지금 이 순간에 깨달음을 얻는 은총이 함께 하길 기원한다."

결국 켄 윌버는 축원이나 한 마디 던지고 나머지는 '행운을 빈다'라는 식으로 다소 무책임한 결론만 내린 채 끝을 맺었습니다.

하지만 정법은 그의 이런 걱정이나 한계를 간단하게 해결했습니다. 그건 어찌 보면 콜럼버스의 달걀과 비슷합니다. 타원형인 달걀을 어떻게 바로 세우나? 다들 머리 싸매고 끙끙거릴 때

달걀 아랫부분을 탁자에 콱 부딪혀 깨뜨리는 방식으로 달걀을 바로 세운 게 콜럼버스의 달걀입니다. 발상을 180도 다르게 한 것입니다.

'스승은 하나면 충분하다, 그 한명이 전 인류를 가르치면 된다.', 이것이 정법의 입장입니다. 그걸 어떻게? 인터넷 유튜브를 통해 법문을 설하면 됩니다. 그러면 누구든지 언제, 어디서라도 가르침을 접할 수 있습니다.

정법은 깨달음이나 수행에 대해서도 난해한 해설 대신 누구나 알아들을 수 있도록 쉽게 풀어줍니다. 자신의 모순을 아는 게 깨달음이고 그걸 고치는 게 수행이라는 것입니다. 선깨달음, 후수행입니다. 100일 공부의 과정도 당연히 이런 순서로 진행됩니다. 또 멘토들도 대량으로 육성하고 있습니다. 정법은 1년을 공부해 성취한 게 있으면 그중의 30%를 후진들에게 나눠주라고 당부합니다. 그것이 대자연의 법도라는 것입니다. 또 2년을 공부하면 70%, 3년을 공부하면 100%를 후진들에게 나눠주고 공유하라고 독려합니다. 사회의 부모 역할을 하라는 것입니다. 이들이 진정한 멘토들입니다. 켄 윌버식으로 표현하면 소울닥터, 즉 영혼의 사들입니다.

8-5

교육대상은 대학생 이상 시니어까지

"왜 인성을 갖춰야 하나요?" 아들이 아버지에게 물었습니다.

"글쎄. 인성이 좋아지면 인생도 좋아지겠지." 아버지는 대충 이렇게 대답했습니다.

틀린 말은 아니지만 이 정도의 문답만으로 인성공부의 동기가 유발되기는 어렵습니다. 사람의 영혼을 적셔주기엔 턱없이 부족합니다. 적절한 동기가 유발되지 않으면 인성교육은 첫 단추를 잘못 끼우는 것이나 마찬가집니다.

대한민국은 2015년 7월부터 '세계에서 처음으로' 인성교육진흥법을 시행했습니다. 2천14년에 세월호 참사가 발생하고 선장이 승객들을 버려두고 먼저 도망쳤다는 사실이 알려지자 인성이 문제라며 호떡집에 불난 것처럼 후다닥 만든 게 이 법입니다. 참사 한 달 만에 법안이 발의되고 연말에는 속전속결로 통과됐으며 그 다음해부터 바로 시행되기 시작했습니다. 하지만 졸속의 결과는 뻔합니다. 학부모들은 그런 법이 있는지도 잘 모르고 교사들은 냉소적이며 전문가들은 고개를 가로젓습니다. 인성교육진흥법의 시행이 인성교육 그 자체를 더 이상하게 만들어 버렸습니다. 법이 시행되자 교육당국과 학교들은 보여주기식 실적쌓기에 급급했습니다.

교육청의 예산집행 항목을 보면 1) 인성교육 시범학교 지정 및 운영, 2) 인성교육 우수학교 지정 및 운영, 3) 학생 맞춤형 인성교육 프로그램 개발 및 활용, 4) 현장 맞춤형 프로그램 개발 및 활용, 5) 인성교육 전문가 양성 및 활용, 6) 인성교육 교사동아리 운영, 7) 지역단위 인성교육 협력지원체계 구축, 8) 대한민국 인성교육 실천한마당 등입니다.

학교 측이 마련한 프로그램을 보면 더 기가 막힙니다. 1) 수상훈련 및 수상안전교육, 2) 청소년 나라사랑 독도교육, 3) 빙상훈련 및 빙상 안전교육 등이 인성교육 프로그램으로 둔갑했습니다. 또 이런 활동들에 대해 해마다 교육부 주최로 대한민국 인성교육 대상까지 시상하고 있습니다.

법에선 인성교육을 '자신의 내면을 바르고 건전하게 가꾸며, 타인, 공동체, 자연과 더불어 사는데 필요한 인간다운 성품과 역량을 기르는 것을 목적으로 한다.'고 규정했습니다.

법은 또 8대 핵심인성도 규정했습니다. (1–2) 예와 효, (3–4) 정직과 책임, (5–6)존중과 배려, (7–8) 소통과 협력 등입니다. 이것, 저것 짬뽕처럼 집어넣은 방식도 문제지만 그게 과연 인성교육의 덕목으로 타당성이 있는지도 의문입니다. 그렇기에 교육현장에선 수시로 어이없다는 반응에 부딪힙니다.

"아니, 인성교육을 어떻게 법으로 강제합니까?"
"모든 교육에 인성교육이 녹아있는 것 아닌가요?"

세월호에 어린 학생들을 버려두고 먼저 도주했던 선장은 어른이지 학생이 아니었습니다. 그런 선장의 재발을 막기 위한 인성교육이라면 일차적인 대상은 당연히 선장 혹은 어른들이 되어야만 합니다. 그런데도 법은 엉뚱하게 초중고 학생들만 교육대상으로 설정했습니다. '세계 최초'란 타이틀이 자랑이 아니라 조롱으로 전락할 수 있는 대목입니다.

그렇다면 정법에선 인성공부를 어떻게 규정하고 있을까요? 우선 인성공부는 예절교육이 아니라는 점을 분명히 합니다. 인성공부의 핵심은 사람공부라는 것입니다. 그렇기에 인성교육의 대상은 성장이 끝나고 부모로부터 정신적으로 자립해야 하는 성인이라는 것입니다. 그 이전의 학생들에겐 예절교육을 시키면 충분하다고 합니다. 또 21세 이하 초중고 학생들에 대해서는 일반지식을 먼저 제대로 섭취할 수 있도록 인성교육을 도리어 자제해야 한다고 당부합니다. 학생들이 인성교육을 받겠다는 열의를 보이더라도 가족이나 인연 등의 제한된 주제에 대해서만 가르쳐야지 그 이상 확대해서는 안 된다고 제동을 겁니다.

인성공부, 즉 사람공부는 본질지식에 해당됩니다. 본질지식은 그 흡인력이 아주 강합니다, 그렇기에 성장기의 학생들이 본질지식에 매료되면 일반지식에 대한 흥미를 잃어버리기 쉽습니다. 일반지식이 시시하게 보이거나 쓸데없는 것처럼 느껴지기 때문입니다. 하지만 이것은 아주 잘못된 판단입니다. 일반지식이 부족하면 본질지식도 제대로 이해할 수 없습니다. 또 본질지식이 아무리 탁월해도 일반지식과 융합하지 않으면 새로운 지식재산을 창출하지도 못합니다. 그렇기에 정법은 인성교육의 대상을 성장이 끝난 대학생 이상으로 못 박고 있는 것입니다.

자라는 청소년들은 가정과 사회에서 어른들의 언동을 보고 들으며 예절은 물론 기본적인 인성도 부지불식간에 흡수하게 됩니다. 어른들이 바른 인성을 가지면 청소년들은 절로 그렇게 된다는 얘깁니다. 반면에 어른들이 개차반이면 좋은 강의를 제아무리 많이 들려줘도 아이들은 빗나가게 마련입니다. 윗물이 맑지 않으면 아랫물도 맑을 수 없습니다.

물론 인성공부의 본질적인 가치는 사회적 필요성 그 이상입니다. 정법은 사람들의 영혼이 30%가 혼탁한 상태에서 인간으로 환생했기에 그 업장을 닦아내는 것이 인성공부의 주목적이라고 합니다. 티 없이 맑아진 영혼만이 원래의 원소상태로 돌아갈 수 있다는 것입니다.

그렇다면 인간과 삼라만상, 대우주는 왜, 무엇 때문에 만들어진 것일까요? 삼라만상이 창조되기 이전에 우주는 광활한 허공이었습니다. 그곳을 가득 채운 건 청정한 원소들이었습니다. 이것이 원래의 상태입니다. 어느 날 그 원소들 사이에 자연스레 아주 미세한 크랙이 생겼습니다. 시간이 흐르면서 그 크랙들이 허공의 30%에 이르게 됐습니다. 이제 청정한 원소들과 크랙들은 서로 질량이 달라 같은 공간에 함께 있을 수 없습니다. 결국 빅뱅이 일어나 70%의 원소와 30%의 크랙이 쫙 갈라지면서 물질우주가 창조됐습니다.

30%의 크랙들은 영혼으로 변하고 물질세계에서 인육을 받아 인간으로 탄생했습니다. 하지만 이 크랙들은 다시 자신의 탁함을 벗고 본연의 원소상태로 돌아가는 게 숙명적인 소명으로 주어졌습니다. 뭉치면 갈라지고 갈라지면 뭉치는 게 우주의 섭리이기 때문입니다. 인간으로 환생한 영혼들은 이 과업을 완수하기 위해 부지런히 업장을 닦아나갔습니다. 한 생애만에 이루기 어려운 과제였기에 윤회를 통해 3, 4차원을 오가며 그 작업을 이어갔습니다.

대자연은 시간을 선천과 후천으로 나누어 이 작업을 도왔습니다. 선천에는 신들이 도와 인간을 성장시키고, 후천에는 인간이 중심이 되어 완성을 이루도록 했습니다. 후천은 2천13년부터 시작이 됐습니다. 후천은 인본시대이기에 인성의 가치가 더욱 위력적으로 작용합니다. 선천과는 달리 신들에게 빌어 문제를 풀 수가 없고, 인간들 스스로가 자신의 인성을 닦아 천지인 삼재를 모두 완성시켜야 하는 시대가 후천입니다.

그렇기에 인성의 패러다임도 선천의 법도와는 180도 달라져야만 합니다. 후천엔 편법이 통했던 선천과는 달리 모든 게 바르게 정돈되기 때문입니다. 이제는 바르게 살지 않으면 부귀권세나 명예 등 세속의 가치들이 모두 사라집니다. 사람들도 당연히 떠나갑니다.

8-6

상대의 무례한 언동은 넘어야 할 시험지

사람을 불쾌하게 만드는 인간들이 있습니다. 입에 욕을 달고 살거나 제 멋대로 행동하는 이른바 시정잡배 군상들입니다. 보자니 화가 나고 외면하자니 눈에 거슬립니다. 그런 인간을 만나는 건 내 안에 풀어야 할 모순이 있기 때문입니다. 그런 모순이 없는 사람은 그런 장소에 가지도 않습니다. 그런 모순이 없으면 그런 인간들이 눈앞에 나타나지도 않습니다.

정법은 무례한 인간을 만나면 말없이 관찰하고 그의 이중성, 삼중성을 있는 그대로 흡수만 하라고 조언했습니다. 자신이 그를 바로잡는데 일조한 바 없다면 그에게 말할 자격도 없기 때문입니다. 그런데도 잘했느니 못했느니 토를 달면 자신이 잘못을 범하는 셈입니다. 그러면 세상의 벌은 상대가 아니라 자신에게 부과됩니다.

상대의 예의 없는 행동을 토 달지 않고 말없이 내안에 쓸어 담으면 어떻게 될까요? 내 안에 내공이 쌓입니다. 그런 내공이 쌓여 임계점을 넘어서면 마침내 실력으로 나타나게 됩니다. 누구를 만나더라도 걸리지 않고 어떤 문제를 접하더라도 해결할 수 있게 됩니다.

반면에 상대의 언동에 대해 끊임없이 비난만 했다면 나는 내공을 쌓을 수 있는 기회를 발로 걷어찬 셈입니다. 당연히 실력이 쌓이지 않습니다. 그렇기에 무례한 상대들이 계속 내 앞에 나타나게 됩니다.

정법은 상대의 무례한 행동을 시험지로 받아들이라고 당부합니다. 그 시험을 잘 치르면 더 이상 그런 사람들이 내 앞에 출몰하지 않습니다. 이미 그 단계를 넘어섰기 때문입니다. 만약에 시험을 치를 역량이 아직 부족하다면 일단은 그곳을 떠나는 게 상책입니다. 무례한 사람들이 모이는 곳에는 발걸음을 끊어야 합니다. 그래야만 자신의 영혼이 더 이상 상처받지 않습니다. 내공도 없으면서 인간 불량품들을 계속 상대하면 자신만 더 다치게 됩니다. 공부를 처음 시작하는 사람들에게 기존의 인맥을 싹 다 정리하라고 권장하는 건 바로 이런 이유 때문입니다. 백지상태에서 자신의 질량을 쌓은 뒤에 제대로 된 친구들을 다시 만들라는 것입니다.

8-7

인성공부에도 금도가 있다

인성 180도 바꾸기

부자와 빈자가 둘이서 식사를 같이 했습니다. 돈은 누가 냈을까요? 결과는 케이스별로 다르겠지만 최소한 한 가지는 확실합니다. 빈자가 적어도 한두 번은 밥값을 자기가 내겠다고 우겼을 겁니다. 없는 사람은 그만큼 자격지심에 시달립니다.

"형편이 어려운 사람이 무리해서 법문장에 찾아오는 건 객기입니다. 객기 부리면 형편만 더 나빠집니다. 대자연이 나를 어렵게 만든 건 어렵게 공부하라고 그런 것입니다. 자기 자리에서 형편에 맞게 공부하십시오. 그렇게 하라고 법문을 전부 유튜브에 올려주고 있습니다."

정법의 입장은 이렇게 분명합니다. 없는 사람은 우선 돈벌이에 전념하고 자투리 시간을 활용해 유튜브로 공부하라는 것입니다. 법문장에 직접 참여하려면 당연히 경비가 듭니다. 강의만 듣고 헤어지는 미래포럼 등의 법문장 참가비는 15만원 입니다. 강의 이후에 부페식 식사까지 하는 일반 법문장에선 20만원을 받습니다. 동안거 입제나 회향같은 주요한 이벤트는 참가비가 30만원 입니다. 없는 사람들에겐 부담이 될 수도 있는 금액입니다.

반면에 경제적 형편이 되는 사람들은 법문장에 직접 참가해 강의를 듣고 질의응답에 참여하는 게 가장 좋습니다. 공부하는 사람들이 한자리에 모인 법문장에는 강력한 에너지가 형성돼 서로에게 좋은 영향을 끼치기 때문입니다. 또 재력 있는 사람들이 추가적인 기부라도 한다면 유튜브의 무료강의처럼 없는 사람들을 위한 공부망을 더 다양하게 제공할 수도 있게 됩니다.

만약에 배우자나 가족들이 정법공부를 감정적으로 거부하면 어떻게 해야 할까요? 절대 강요해서는 안됩니다. 그들이 거부하는 건 표면적으로 정법같지만 실은 나를 밀어내는 것입니다. 내가 그만큼 신용을 잃었다는 얘깁니다. 이럴 때는 자신의 신용을 회복하기 위해 노력하는 것이 가장 적절한 공부가 됩니다.

가족들이 혹시나 하는 불안감을 보인다면 그것 역시 가감 없이 수용해야 합니다. 세상에는 그동안 숱하게 많은 사이비들이 출몰했습니다. 이들은 감언이설로 어려운 사람들을 꼬드겨 재물을 갈취하고 그 영혼마저 노예로 만들었습니다. 뒤늦게 정신을 차려본들 이미 망쳐버린 신세를 회복하기도 쉽지 않습니다. 그렇기에 사이비에 대한 사람들의 공포심을 십분 이해해주어야 합니다. 가족들의 그런 걱정과 공포심을 제대로 헤아려 주지 않는다면 그게 무슨 정법이겠습니까?

그보다 더 중요한 건 공부기간을 헤아리지 말라는 것입니다. 100일 공부는 생각보다 긴 시간입니다. 이걸 하루, 하루 손꼽아 계산하면 날짜만 채운 것이지 공부를 한 게 아닙니다. 그저 3일 정도의 단기목표만 세우고 한뜸 한뜸 나아가는 게 공부의 정석입니다.

"나 3년 공부를 한 사람이야."

만약 누군가 이렇게 가방끈이나 자랑한다면 어떻게 될까요? 상대는 말을 하건 안하건 속으로는 십중팔구 거부감을 보일 것입니다.

'지랄을 하세요.'

3년을 공부했건 10년을 공부했건 자신의 모순을 고치지 못했다면 공부를 잘못한 것입니다. 정법을 갖고 놀거나 정법과 다툼을 벌이며 시간만 허비했을 뿐입니다. 그런 사람들에게 주어질 처방은 냉철합니다.

–처음부터 새로 다시.

Chapter

9

난세 경쟁력은 인성이다

9-1

뭉치면 살고 흩어지면 죽는다

인성 180도 바꾸기

시대정신은 융합, 하지만 인생 실전에선 정반대의 현상이 광범위하게 확산되고 있습니다. 살을 섞은 부부가 갈라서고, 부모 자식이 헤어집니다. 경영진과 사원, 상사와 부하들이 서로 등을 돌립니다. 저마다 자기가 옳고 자기가 잘났다고 주장합니다. 그 결과가 혼밥에 혼술입니다. 외롭고 초라한 실루엣입니다.

시대정신과 실제 사이의 이 같은 간극을 좁히지 않으면 더 이상 희망은 없습니다. 날개 없는 추락만 남게 됩니다. 먼저 이 간극을 좁혀주고, 그런 다음 융합까지 하게 만드는 작업이 다름 아닌 인성공부입니다.

사람들은 왜 융합을 못할까요? 조직과 조직은 왜 융합을 못할까요? 자기를 중심으로 융합하려고 하니 안되는 것입니다. 인간은 온 몸이 센서입니다. 우주가 생산한 최고의 걸작이 인간입니다. 컴퓨터와 인공지능이 아무리 발달해도 인간의 센서를 결코 능가할 수 없습니다. 그렇기에 나를 중심으로 융합하자고 주장하는 순간 상대는 자기 몸의 센서를 통해 그 잘못을 순식간에 포착합니다. 절대 응하지 않고 도리어 냉소를 보내거나 반발합니다.

'너나 잘하세요.'

진정 융합을 하려면 저와는 반대로 해야 합니다. 내가 상대 속으로 먼저 들어가야 합니다. 그것이 상대를 존중하는 자세입니다. 그러면 융합과정이 작동되기 시작합니다. 하지만 욕심은 금물입니다. 한방에 총체적인 융합을 이루겠다고 설치면 볼 것도 없이 실패합니다. 융합도 한뜸 한뜸 해야만 성공으로 나아갈 수 있습니다.

우리는 먼저 상대의 장점을 찾아 그 영역에서만 융합을 시도해야 합니다. 장점 속으로 융합하면 존중하는 마음으로 하나가 될 수 있습니다. 그러면 상대도 우호적으로 반응하면서 내 장점 속으로 들어옵니다. 내 영역에서도 융합이 이뤄지는 것입니다. 이렇게 주고받고를 거치면 1단계 융합이 끝납니다. 그러면 상대의 또 다른 장점을 찾아 융합을 주고받습니다. 이런 과정을 통해 3단계 융합과정을 거치면 비로소 전체적인 융합이 가능해집니다.

내가 상대 속으로 들어가려면 이전과는 달라져야 합니다. 그것도 180도 달라져야 합니다. 내 인성의 모순들을 먼저 정리해야만 합니다. 남 탓, 고집불통, 잘난 척. 이 3가지 모순을 가장 우선적으로 또 반드시 정리해야 합니다. 그렇기에 인성공부는 예절교육과는 분명히 다릅니다. 고집불통이 예절교육을 받고 인사를 잘한다고 해서 그 인성이 좋아진 건 아닙니다. 고집 그 자체를 놓아야만 인성이 달라진 것입니다.

"뭉치면 살고 헤어지면 죽습니다."

정법은 융합의 필요성을 이토록 강조합니다. 혼자서는 아무것도 이룰 수 없고 혼자서는 결코 행복해질 수 없다고 경고합니다. 개인은 최소한 3인1조의 친구를 만들라고 당부합니다. 이것은 기업과 단체, 국가에도 똑같이 적용됩니다. 인생과 조직의 승패는 바로 여기에서 결판납니다.

현재 융합의 대표적인 반면교사는 정치권입니다. 이들도 시대정신을 인지했기에 끊임없이 통합을 도모하고 그게 어려우면 연대라도 시도합니다. 하지만 그 방법론은 기가 찰 정도로 자기중심적입니다. 나를 중심으로 통합하라, 나를 중심으로 연대하라, 이런 스탠스를 견지합니다. 그러니 온통 나라를 시끄럽게 만들고 안 그래도 힘든 백성들에게 울화까지 치솟게 만듭니다. 입으로는 국민통합을 외치지만 실제로는 국민화병시대를 만들고 있습니다.

"피눈물을 삼키더라도 이 모든 걸 쓸어담아야 합니다. 저 모든 걸 약으로 받아 마시면서 자신의 질량부터 먼저 키워야 합니다. 그런 노력이 30%에 이르면 모든 것이 획기적으로 좋게 변합니다."

정법은 이렇게 당부합니다. 물론 그걸 수용하고 안하고는 전적으로 각자의 몫입니다. 다만 인생은 시간의 싸움이고 기회가 제한적이라는 한계는 분명히 있습니다.

9-2

제2의 IMF를 돌파하는 힘

인성 180도 바꾸기

대한민국은 1997년에 IMF를 겪었습니다. 너무나 고통스러운 경험이었기에 사람들의 뇌리 속에는 그 공포감이 진하게 남아있습니다. 그래서 경제가 휘청하면 이러다가 제2의 IMF가 오는 것은 아닐까, 그런 두려움에 사로잡힙니다.

"요대로 살면 제2의 IMF가 옵니다. 머지않아 옵니다. 시간이 그렇게 많이 남아있지 않습니다."

정법은 비정할 정도로 이렇게 예측합니다. 또 1차 IMF는 단순히 달러화의 부족에서 비롯됐지만 2차 IMF는 세계적인 금융모순에서 파생되기에 그 충격이 1차보다 훨씬 더 혹독할 것이라고 예견합니다.

실제로 2019년 8월5일 검은 월요일. 국내증시는 하루 만에 시총 50조 원이 날아갔습니다. 일본이 한국을 백색리스트에서 제외하고 미국이 중국에 관세를 추가로 부가하는 악재가 겹치자 증시는 한방에 무너졌습니다. 코스피는 3년 1개월 만에 최저치인 1946으로 추락했습니다. 7%나 급락한 코스닥은 12년 만에 최대치의 낙폭을 기록하면서 569로 떨어졌습니다. 또 그 다음날엔 미국이 중국을 환율조작국으로 지정했습니다. 전 세계 금융시장에 일촉즉발의 전운이 감돌고 있습니다.

만약에 제2의 IMF가 터지면 우리는 어떻게 대응해야 할까요? 1차 때처럼 금모으기 운동이나 펼치면 극복할 수 있을까요? 정법은 고개를 가로젓습니다. 끝없이 팽창만 했던 경제가 멈춤의 단계를 지나 수축으로 돌아섰기에 그 어떤 편법을 동원해도 막을 수 없고, 경제는 지금보다 30%까지 수축한다는 것입니다. 또 남탓이나 하면서 나태하게 살았던 사람들이 최악의 희생양이 될 것이라고 경고했습니다.

그렇다면 이제는 근본적인 해법을 생각해야 합니다. 정법은 바르게 사는 사람이 10%만 되면 어떤 위기라도 넘어설 수 있다고 단언합니다. 인성을 갖춘 사람 10% 육성이 제2의 IMF를 극복하기 위한 우선적인 과제라는 것입니다. 이것은 결코 허울뿐인 도덕재무장 운동이 아닙니다. 각계각층에서 사물을 냉철하게 판단하고 대응할 수 있는 인재를 육성해야 한다는 얘깁니다. 정법은 착하게 살면 피눈물이 난다고 경고하면서 이제는 '착하게'가 아니라 '바르게' 살아야 한다고 강조했습니다. 이것은 개인에게만 해당되는 과제가 아닙니다. 조직과 사회, 국가에도 그대로 적용되는 냉철한 스탠스입니다.

1차 IMF 시절에 바닥까지 추락했지만 발상을 180도 바꾸어 도리어 더 높이 비상한 여성이 있었습니다. 자기계발 영역의 강사 김미경입니다. 정확한 속사정은 모르겠지만 IMF 충격의 여파로 집안이 쫄딱 망해 빚더미에 앉았다고 합니다. 금리가 폭등해 이자율은 20-30%까지 치솟았는데 유일한 수입원이었던 강의는 다 끊어지고 말았습니다.

완전히 코너에 몰린 그녀는 재기의 발판을 만들기 위해 급하게 책을 한권 씁니다. 제목을 섹시하게 뽑았습니다.

'나는 IMF가 좋다' 목차도 아주 임팩트 있게 구성했습니다.

1. 남자들은 넥타이를 잘라라
2. 여자들은 난세에 인물 좀 내자
3. 정보화 시대엔 정보화 나이를 먹어라

하지만 출판을 하겠다는 출판사가 전혀 없었습니다. 돈이 없어 자비출판도 불가능했습니다. 어쩔 수 없이 두 다리 건너 알게 된 어떤 출판사에 부탁해 인세를 받아 갚겠다는 조건으로 겨우 책을 찍었습니다.

책이 출간되자 MBC에서 먼저 연락이 왔다고 합니다. 제목 그대로 방송에서 특강을 해달라는 요청이었습니다. 제목빨이 바로 먹혀든 것이었습니다. 나중에는 KBS에서도 특강을 했습니다. 당시의 방송사는 저럴 수밖에 없었습니다. IMF가 터지자 나라 전체가 혼비백산이었습니다. 평소에 큰소리쳤던 위인들은 땅이 꺼져라 한숨만 쉬거나 도망치기에 급급했습니다. 희망이나 비전을 심어주는 사람이 거의 없었습니다. 그런 와중에 전국에선 하루가 멀다 하고 자살자가 속출했습니다. 그랬기에 뻥이라도 좋으니 세게 치고 나서는 사람이 절대적으로 필요했습니다.

'나는 IMF가 좋다!'

뻥 치고는 기가 막힌 뻥이었습니다. 방송에서 그렇게 특강을 하자 기업과 자치단체 등에서도 강의요청이 쇄도했습니다. 다들 그만큼 비전과 용기, 색다른 발상에 목이 말랐던 것입니다. 그녀는 많을 때는 2시간 강의를 하루에 다섯 탕, 한 달에 100시간 이상을 강의했습니다. 그렇게 뛰어 5년 만에 빚을 다 갚았습니다.

그녀는 전성기 때 2시간 강사료를 3천만원까지 받았다는 말도 나돌았습니다. 하지만 호사다마일까요? 교육의 장을 넘어 예능방송에 출연을 했다가 이상한 구설수에 휘말려 한방에 추락했습니다. 하지만 실전내공이 있었기에 몇 년간의 자숙기간을 거친 뒤 요즘은 유튜브 방송을 통해 제2의 전성기를 누리고 있습니다.

'나는 IMF가 좋다!'

다들 공포에 질리고 심지어 목숨마저 스스로 끊어버릴 때 그녀는 남다르게 외쳤습니다. 달라도 그냥 다른 게 아니라 180도가 달랐습니다. 또 그렇게 말하니 그렇게 되어버렸습니다. 180도 전환의 위력은 이토록 대단합니다. 그렇기에 변하려면 화끈하게 180도로 변해야 합니다. 이 눈치, 저 눈치 살피고 이리 재고 저리 재면서 찔끔찔끔 변하면 성취도 그만큼 미약해질 수밖에 없습니다.

9-3

기업의 승패는 인성교육에 달렸다

꼴통 아들을 둔 기업인이 있었습니다. 아들은 뭐든지 말을 안 듣고 꼴통짓만 하면서 부친의 속을 썩였습니다. 엎친 데 덮친 격으로 회사 경영마저 어려워졌습니다. 사면초가의 상황이었습니다.

이 사람은 그때 정법을 만났습니다. 사정이 다급했기에 허기진 사람처럼 허겁지겁 강의를 듣고 법기를 채웠습니다. 공부가 어느 정도 가닥이 잡히자 마음도 평온해졌습니다. 상황은 여전히 안 좋았지만 이상하게 겁이 나거나 걱정이 되지 않았습니다.

"야, 너 내 말을 딱 하나만 들어다오. 그러면 내가 너한테 회사를 물려주겠다."

어느 날 그는 아들을 불러놓고 이렇게 말했습니다. 아들은 회사를 넘겨준다는 말에 솔깃해 귀를 기울였습니다.

"너 여기 정법강의 좀 들어라. 그리고 회사경영도 강의에서 가르치는 대로만 해다오. 약속할 수 있겠냐?"

아들은 그렇게 하겠다고 말했습니다. 또 회사를 물려받은 뒤에는 당장 실전경영을 해야 했기에 경영수업을 받는 자세로 강의를 들었습니다. 들으면 들을수록 강의에 감탄했던 그는 회사의 임직원들에게도 모두 강의를 듣도록 독려했습니다. 당연한 결과지만 놀랄만한 변화가 뒤따랐습니다. 임직원들의 태도가 확 달라졌습니다. 신임 사장을 중심으로 하나로 뭉치기 시작했습니다. 진심으로 고객을 위해 일한다, 그런 사풍도 살아났습니다. 회사의 경영은 하루가 다르게 호전돼 마침내 흑자로 돌아섰습니다. 도대체 뭘 어떻게 했길래 사람과 조직을 이토록 달라지게 만들었을까요? 정법강의는 시대 흐름을 정확하게 통찰하고, 조직의 위기를 냉철하게 진단하고, 개인의 변화 방향을 분명하게 제시했습니다.

지금은 조직이 파편처럼 갈라지는 시대입니다. 회사에서도 가정에서도 서로가 서로에게 등을 돌리고 있습니다. '당신들이 회사의 주인이다. 주인의식을 갖고 일해 달라' 그런 쌍팔년도 논리를 아무리 강조한들 직원들은 냉소적인 반응만 보일 뿐입니다. 정법은 우선 오너를 질책합니다.

"직원들에게 일시키고 돈만 주면 당신이 할 일을 다한 것이냐? 그건 직원들을 개, 돼지로 만든 것이다. 그런 짓을 하고서도 회사가 잘 되기를 바라느냐?"

물론 찔끔한 오너들에게 해법도 제시합니다.

"직원들을 가르치고 성장시켜라. 저마다 빛나는 삶을 살 수 있도록 길을 열어주어라. 그것이 오너가 할 일이다."

직원들에게도 죽비를 칩니다.

"직장은 먹고 살기 위해서 돈벌이하는 곳이 아니다. 직장은 배우고 공부하는 곳이다. 직장에서 주는 월급은 노동의 대가가 아니라 이 사회가 그 회사를 통해 당신에게 지급하는 교육비이다. 그 돈을 잘 활용해 부지런히 배우고 자신을 성장시켜야 한다."

일의 본질도 일깨워 줍니다.

"무엇이 당신을 가르치는가? 당신 앞에 주어진 일, 당신 앞에 다가온 사람이 당신의 공부거리다. 컵 하나를 만들더라도 사람은 두 가지로 나뉜다. 하나는 먹고 살기 위해 어쩔 수 없이 만드는 사람, 다른 하나는 컵을 쓰는 사람을 위해 만드는 사람이다. 전자는 3년이 가건 10년이 가건 그 모양 그 꼴로 산다. 후자는 3년이면 평판이 달라지고 주어지는 기회가 달라지고 주변 환경이 달라진다. 10년이 지나면 상상도 못할 정도로 발전해 있다."

그리고 진정 성공할 수 있는 방법론도 제시합니다.

"사람이 어찌 짐승처럼 먹고 살기 위해서만 일을 하나? 상대를 위해 일하고 사회를 위해 일하고 세상을 위해 일하라. 자신의 일로 자신의 인생을 빛나게 만들어라."

기존의 경영이나 노동 이론과는 판이하게 다른 패러다임입니다. 저걸 담백하게 받아들인 기업은 위기를 돌파하고 다시 우뚝 섰습니다.

현재 기업들이 당면한 최고의 위기는 제2의 IMF가 아닙니다. 그건 표면적인 위협일 뿐입니다. 위기의 본질은 다름 아닌 인성의 위기입니다. 대기업은 물론 중견기업, 중소기업도 다 마찬가집니다. 경영진과 노동자가 서로 딴 곳을 바라보고 저마다의 마음이 갈갈이 찢겨 있습니다. 국내 최고기업인 삼성의 직원들조차 비전이 보이지 않는다며 이직시장을 많이 기웃거린다는 소식이 뉴스로 보도될 정도입니다. 로또라도 당첨되면 이 지긋지긋한 생활 당장 때려치우고 해외여행이나 다니면서 편하게 살겠다는 사람들이 태반입니다. 돈만 된다면 기술절도나 유출도 서슴지 않습니다.

이런 마인드를 고치지 않으면 재도약은 고사하고 생존조차 장담하기 어렵습니다. 그렇기에 삼성 같은 대기업도 한때는 명상교육의 도입을 추진할 정도로 고민이 많았습니다. 하지만 앞에서도 지적했듯이 명상은 근본적인 해법이 될 수가 없습니다. 죽느냐, 사느냐. 절체절명의 위기에 처한 기업들은 비상한 각오로 활로를 열어주는 인성의 새로운 패러다임을 찾아야 합니다. 정법을 자체적으로 냉철하게 점검해 보고 맞다는 판단이 들면 더 늦기 전에 과감하게 인성교육을 도입해야 합니다. 이대로 가면 대기업도 다 망한다고 정법은 분명하게 경고했습니다.

9-4

인성비상사태 선포를!

인성 180도 바꾸기

한강의 기적은 융합의 정신이 창출한 기적이었습니다. 국가재건의 기치를 내건 박정희 대통령의 터프한 리더십, 위험을 무릅쓰고 풀베팅을 감행했던 이병철, 정주영 회장의 기업가 정신, 휴일을 잊은 채 노동에 매진했던 근로자들의 헌신이 하나로 융합했기에 시너지 효과를 일으켰습니다. 그런 요소들이 더욱 구체화되고 지속가능하게 받쳐준 그룹은 관료집단이었습니다.

당시의 정부청사는 자정이 넘도록 불이 꺼지지 않았습니다. 공무원들은 기업현장은 물론 방방곡곡을 찾아다니며 국민들이 나아갈 방향을 제시하고 행정적인 지원을 아끼지 않았습니다. 관료들은 사회의 엘리트이자 생활의 지도자들이었습니다. 그랬던 그들이 이제는 생기를 잃었습니다. 복지부동하면서 세금이나 축내고 퇴직 이후에는 고액의 연금을 받아 후진들에게 짐이나 떠넘기는 기득권 집단으로 지탄을 받고 있습니다. 모두에게 불행한 현실입니다.

시대는 다시 공무원들에게 7할의 역할을 하도록 요구하고 있습니다. 경제가 침몰하고, 안보가 흔들리고, 사람들이 파편처럼 갈라지는 시대입니다. 대학졸업과 동시에 실업자로 전락한 청춘들은 취업도 결혼도 출산도 포기하는 3포 세대로 밀려났습니다. 이미 1이하로 떨어진 출산율은 망국의 시그널 같습니다.

이제는 다시 공직자들이 일어서야 합니다. 좌우가 극단적으로 갈라진 요즘은 정치적 중립의무가 부여된 공무원들이 융합의 시대정신을 구현할 수 있는 가장 중요한 세력입니다. 피 튀기며 싸워봤자 평행선밖에 못 그리는 좌파, 우파의 이념은 해답이 될 수 없습니다. 공직자들이 먼저 인성을 가다듬어 파편처럼 갈라진 이 세상에 융합의 기적을 창출해야 합니다. 이전에 '잘 살아보세'를 독려했듯이 21세기에 걸맞은 인성의 퀀텀점프를 선도해야 합니다.

행정조직은 탄탄한 교육 연수망을 갖추고 있습니다. 국가공무원인재개발원은 이제 자중에서 벗어나 '인성비상사태'를 선포하면 어떨까요? 4차 산업혁명시대에 대응할 4차 인성혁명을 주도하는 것입니다. 우리 헌법이 남자나 여자가 아닌 '인간의 존엄'을 규정했듯이, 공무원인재개발원은 좌파나 우파의 이념이 아니라 인성의 가치를 그 기치로 내걸어야 합니다.

전대미문의 시대에 대응하는 인성교육의 콘텐츠는 결코 진부해서는 안 됩니다. 외국의 책이나 이론에서 대충 베껴 편집한 인성교육으론 사람들의 가슴에 공명을 일으키지 못합니다. 인간에 대한 예리한 통찰이 그 바탕에 깔려야 합니다. 우리에게는 이미 그런 가치가 있습니다. 반만년 역사의 출발점에서 한민족이 표방했던 '홍익인간'의 가치가 바로 그것입니다. 그 훌륭한 가치를 초지능으로 재해석해 첨단시대에 맞게 재편한 콘텐츠가 다름 아닌 정법의 인성교육입니다. 공무원인재개발원은 이를 철저하게 검증해 맞다는 판단이 서면 과감하게 교육콘텐츠로 도입해야 합니다. 정법의 콘텐츠 체계는 방대하지만 그 중에서도 엑기스만을 뽑아내면 공무원들에게 가장 적합한 최적의 교육콘텐츠를 충분히 만들 수 있습니다.

자치단체들도 당연히 인성교육의 주역으로 등장해야 합니다. 이들이 시니어를 대상으로 실시중인 정보화교육, 실업자를 위한 취업교육은 훌륭한 기획이었습니다. 하지만 시니어 인성교육을 추가하지 않으면 절반의 성공을 넘어서기 어렵습니다. 산업화의 주역이었던 시니어들 상당수는 주말마다 태극기 집회에 나가 울분을 토로하며 소일하고 있습니다. 인간수명이 100세로 대폭 늘어난 이제는 이들을 계속 방치만 했을 경우 폭동세력으로 변질될 가능성이 충분히 있습니다. 이들이 '박근혜 탄핵무효'를 외치는 동안에는 소수의 우파들만 합류할 것입니다. 그러나 집회를 반복하며 계속 동력을 축적하고 그 슬로건을 '문재인 퇴진'으로 바꾸면 중도나 사회 불만 계층들이 함께 규합할 가능성도 배제하기 어렵습니다. 좌파들이 '박근혜 아웃'을 슬로건으로 촛불혁명에 성공했다면 우파들 역시 못할 이유가 별로 없지 않겠습니까?

하지만 자치단체가 나서 이들 시니어들에게 진정한 인성교육을 실시하고 사회 멘토의 역할을 부여하면 그들은 생활현장의 인성캠페인을 선도하는 사회의 어른으로 바뀔 수 있습니다. 시간적 여유가 많은 이들이 시니어 멘토단을 구성해 1) 왕따 학생들의 하소연을 충분히 들어주고, 2) 맞벌이 부부들의 육아를 지원하며, 3) 밤길 불량배들의 비행을 감시한다면 세상은 그만큼 더 건강하게 바뀔 것입니다.

9-5

먹방 그 이상을 방송에 촉구한다

인성 180도 바꾸기

"우와~, 맛있겠다."

지상파, 종편 할 것 없이 TV만 켜면 먹방이 펼쳐집니다. 밥을 굶는 보릿고개도 아니건만 사람들은 먹방만 보면 걸신들린 듯이 환장을 합니다. 유튜브에서 먹방 1인 방송을 하는 떵개떵은 구독자 수가 무려 3백만 명을 훌쩍 넘었을 정도입니다.

방송사 입장에선 먹방이 유혹적입니다. 기획하기 쉽고 제작비가 저렴한데다 시청률도 괜찮게 나오기 때문입니다. 유튜버 입장에선 단기간에 떼돈을 버는 첩경이니 소화력만 왕성하다면 먹방을 안하는 게 바보같습니다.

하지만 먹방의 결과는 생각보다 위험합니다. 방송을 통해 식탐에 중독된 남녀군상들은 비만의 희생양이 됩니다. 그러면 의사들이 암발생의 일차적인 원인은 비만이라고 으름장을 놓으며 다이어트를 강요합니다. 이번엔 다이어트 약품이나 프로그램이 돈을 긁어 갑니다. 불쌍한 호구들은 먹방에 놀아나고 다이어트에 뒤통수를 맞습니다. 한마디로 호구, 요즘 말로 완곡하게 표현하면 흑우가 됩니다.

멀쩡한 사람들이 왜 이렇게 집단적으로 호구가 됐을까요? 조금 이상하게 들릴 수도 있겠지만 종교인과 지식인들의 무능이 이런 사태를 야기한 주요한 원인으로 작용했습니다. 사람의 몸은 적정량의 음식만 섭취하면 충분합니다. 반면에 지식을 섭취해야 성장하는 영혼은 한계가 없습니다. 지식을 많이 섭취하면 할수록 더 많이 성장합니다. 물론 여기에서 말하는 지식은 일반지식이 아니라 본질지식입니다. 그런데 이 지식을 제공하던 종교나 멘토들이 고갈이 됐습니다. 깨달은 자나 성인들이 씨가 말랐습니다. 신도들이 부지런히 찾아가 진리의 말씀을 구해도 그 허기를 채워줄 실력자가 없게 됐습니다. 이런 갈증 상태가 오래 지속되자 사람들은 정신적인 허기를 음식으로 대체했습니다. 먹어도 먹어도 또 배가 고픈 건 육신의 허기가 아니라 정신적 허기 때문입니다. 당사가가 그걸 알건 모르건 먹방의 바탕에 깔린 배경은 바로 이것입니다.

이제는 방송사들, 특히 공영방송인 KBS, EBS가 먹방의 가닥을 잡아야 합니다. 먹방으로 대중들의 표피적인 식욕에 영합하는 대신 그들의 정신적 허기를 채워줄 수 있는 본질 콘텐츠를 찾아야 합니다. 전설이 된 얘기지만 지난 2천년 KBS가 선보였던 도올의 논어강의는 평균 시청률이 10%, 최고 시청률은 15.6%나 됐습니다. 한해 전인 1999년에 EBS가 방영했던 도올의 도덕경 강의도 7.2%의 높은 시청률을 기록했습니다. 대중들은 그때 이미 본질지식에 허기를 심하게 느끼고 있다는 걸 수치로 보여주었습니다. 하지만 방송사들은 단발성 기획만 끝내고 대중들에게 더 이상 정신적으로 일용할 양식을 공급하지 않았습니다. 이것은 방송의 공적책무 유기입니다.

물론 대중들에게 정신적 양식을 안겨줄 스승이 너무 없다는 점을 모르지는 않습니다. 종파간의 대립이 심해 종교인을 초청하기 어렵다는 한계도 충분히 이해합니다. 하지만 이제는 정법이 등장했습니다. 유튜버에 올린 강의가 8천9백강이 넘고 누적조회수도 1억뷰를 달성한지 오래입니다. 종교적인 색채가 없는데다 홍익인간의 인성교육을 핵심콘텐츠로 하고 있습니다. 또 그 방향이 4차 산업혁명 시대에 적합한 인성의 파격적인 변화, 즉 상식깨기를 메인으로 하고 있어 시대적인 임팩트도 충분히 갖추고 있습니다.

감이 있고 촉이 빠른 제작진이라면 먹방의 시대가 언제까지 계속되지 않는다는 걸 이미 눈치챘을 겁니다. 그렇다면 이제는 그 후속타를 준비해야 합니다. 먹방을 이어줄 후속타는 다름 아닌 정신적 양식입니다.

9-6

개인은 3인 1조 친구 맺기

정법공부에 처음 입문한 사람에겐 권장 사항이 하나 있습니다. 인맥 다이어트입니다. 내 인맥이 많다, 이런 착각이 그 사람을 망치고 공부를 가로막는다는 것입니다.

"인맥을 싹 다 자르십시오. 다이어트 정도가 아니라 일단 싹 다 잘라야 합니다. 만날 사람은 나중에 다시 이어지니까 걱정할 것 없습니다."

정법의 인맥 다이어트는 이 정도로 과감합니다. 얘는 자르고 쟤는 그냥 두고, 이런 식으로 뜨뜻미지근하게 정리하는 게 결코 아닙니다.

불필요한 오해를 피하기 위해 정법의 다른 조언도 미리 소개를 하는 게 좋겠습니다. 성급한 사람들이 한마디만 듣고 제 멋대로 편견을 가지는 건 서로에게 불편합니다.

"여러분들이 불교 신자라면 정법을 공부한다고 해서 난 불교 그만둔다, 기독교라면 기독교 그만둔다, 이런 말을 해서는 절대 안됩니다. 정법은 바르게 사는 법을 가르치는 것이지 정법만 믿고 종교를 그만두라는 게 결코 아닙니다. 정법을 공부해서 신앙을 하더라도 바르게 하시면 됩니다."

이 강의를 들으면 오해가 조금은 풀렸을 겁니다. 그럼 또 다른 법문을 들으면 인맥 다이어트의 취지도 좀 더 분명하게 이해가 되실 겁니다.

"모임에 발을 끊어도 멤버들이 바로 여러분을 버리진 않습니다. 적어도 7개월까지는 자리를 비워놓고 기다려 줍니다. 100일 공부가 끝나면 7개월 이전에 그 모임에 한번 나가 보십시오. 자신은 잘 모르겠지만 오랜만에 본 그 멤버들은 여러분이 얼마나 변했는지를 단박에 알고 놀라게 됩니다."

어쨌든 마음으로 인맥을 싹 정리하면 오롯이 혼자가 됩니다. 의미 없는 모임에 나가 공허한 말들을 주고받으며 허비했던 시간들도 공부시간으로 확보가 됩니다. 그렇게 공부를 시작하면 무엇보다 먼저 자신이 변하게 됩니다. 그동안의 대인관계도 냉철하게 다시 점검을 하게 됩니다. 인정을 헤프게 베풀지는 않았는지, 우정이나 도리로 오인해 호구 짓이나 하고 다닌 건 아닌지, 상대를 위한다면서도 도리어 상대를 망친 것은 아닌지, 공부의 정도에 따라 하나하나 가닥이 잡혀나갑니다.

또 자신의 질량이 커진 만큼 새로운 인연들도 다가오기 시작합니다. 한 치의 오차도 없이 그렇게 됩니다. 그렇게 만난 사람들 중에 자신과 이념이 맞는 사람이 있다면 그는 단순한 지인이 아니라 친구로 격상될 수 있는 사람입니다.

정법은 후천을 살아가는 사람들은 반드시 친구를 만들어야 한다고 신신당부합니다. 후천은 융합의 시대이기에 혼자서는 결코 뭔가를 이룰 수 없기 때문입니다. '자신을 포함해 3명의 친구를 만들어라', '3인이 진정한 친구가 되면 3인 1조가 만들어진 것이다', '이건 눈사람의 핵처럼 단단한 것이다', 이것이 정법의 조언입니다. 3인 1조를 이룬 사람은 그걸 기반으로 지인들의 규모가 엄청나게 확장될 수 있습니다. 또 3인의 핵이 워낙 탄탄하기에 다른 인맥들처럼 어설프게 무너지거나 갈라서지도 않게 됩니다.

난 친구가 과연 몇이나 될까? 냉철하게 짚어보니 단 1명도 없었습니다. 초라한 성적표입니다. 반성이 많이 되고 부끄럽기도 합니다. 하지만 큰 걱정은 하지 않습니다. 무엇보다 정법이 진정한 친구로 등장했기 때문입니다. 이만한 친구는 전무후무입니다. 더 이상 인맥에 연연할 이유가 별로 없습니다. 그런데도 추가로 사람들과 3인 1조의 우정까지 맺을 수 있다면 그건 분외의 행운입니다.

9-7

갈림길에 서면 3쪽을 선택하라

인성 180도 바꾸기

‘노란 숲속에 길이 두 갈래로 났었습니다.
나는 두 길을 다 가지 못하는 것을 안타깝게 생각하면서,
오랫동안 서서 한 길이 굽어 꺾여 내려간 데까지
바라다볼 수 있는 데까지 멀리 바라다보았습니다.

그리고 똑같이 아름다운 다른 길을 택했습니다.
그 길에는 풀이 더 있고 사람이 걸은 자취가 적어
아마 더 걸어야 될 길이라고 나는 생각했었던 게지요.
그 길을 걸으므로 그 길도 거의 같아질 것이지만

그날 아침 두 길에는 낙엽을 밟은 자취는 없었습니다.
아, 나는 다음 날을 위하여 한 길은 남겨 두었습니다.

길은 길에 연하여 끝없으므로
내가 다시 돌아올 것을 의심하면서…
훗날에 훗날에 나는 어디선가
한숨을 쉬며 이야기할 것입니다.
숲 속에 두 갈래 길이 있었다고,
나는 사람이 적게 간 길을 택하였다고,
그리고 그것 때문에 모든 것이 달라졌다고'

로버트 프로스트의 시, '가지 않은 길'을 읽으면 지금도 가슴이 짠합니다. 선택의 순간에 결정적인 실책을 했고, 그 이후에도 계속 헛발질을 했었기 때문입니다.

고교를 마치고 대학으로 나아갈 무렵 육사와 법대, 문무가 극단적으로 엇갈리는 선택의 기로에 섰습니다. 아직 판단력이 채 영글기도 전에 갈림길을 만났습니다. 주변엔 멘토가 없었습니다. 어른들께 자문을 구할만한 주변머리도 없었습니다. 부친과도 의견이 엇갈렸습니다. 혼자 끙끙거리다 결국 법대로 진학하고 말았습니다.

대학 진학 이후에 본격적인 방황이 시작됐습니다. 선택을 잘못했다는 회한에 젖어 자포자기에 빠지고 말았습니다. 검도부에 들어가 기합을 내지르고 대련을 하며 겨우 울분을 달랬습니다. 두 번째 헛발질을 한 것입니다. 법대를 선택했으면 그 기반에서 다른 걸 추구해야만 했었습니다. 좋은 기회들도 꽤 많았습니다.

하지만 그 당시엔 전혀 눈에 들어오지 않았습니다. 그저 후회만 했습니다.

지난날을 돌아보니 중요한 선택지는 언제나 복수로 주어졌습니다. 직장도 이것이냐 저것이냐, 결혼도 이것이냐 저것이냐, 업무상의 결정도 이것이냐 저것이냐, 언제나 둘 중에서 하나를 선택해야만 했었습니다. 정법을 공부하고 나서야 비로소 그 이유를 알게 됐습니다. 자연의 기본원칙인 3대7의 법칙 때문이었습니다. 그 어떤 선택이건 두 가지가 주어질 수밖에 없었습니다. 그걸 이전엔 미처 몰랐습니다.

정법은 선택의 갈림길에선 7이 아니라 3에 해당하는 것을 선택해야 한다고 강조합니다. 다들 좋다고 쏠리는 게 7이고 자신의 본성은 당기지만 주변에선 글쎄 하며 회의적인 반응을 보이는 게 3에 해당됩니다. 사람에겐 저마다 본성이 있기에 마음 깊은 곳에선 저게 맞다는 걸 막연하게나마 인지합니다. 하지만 7의 선택지가 너무나 유혹적입니다. 주변 사람들도 대부분 7을 선택하기에 선택의 갈림길에 서면 쭈빗거리면서도 결국 7을 선택하고 맙니다. 하지만 그 결과는 냉철합니다. 7을 선택하면 실패하거나 후회합니다. 반면에 3을 선택하면 결정 그 자체는 어렵고 힘들지만 갈수록 쉽고 편하며 전도가 확 열리게 됩니다.

'노란 숲속에 두 갈래 길이 있었습니다.'

프로스트의 저 싯구는 목가적인 표현처럼 보이지만 삶의 냉철한 현실을 담고 있습니다. 이 세상 그 누구라도 선택에서 자유로울 순 없습니다. 선택을 지혜롭게 하느냐 미련하게 하느냐, 그 차이만 있을 뿐입니다.

그렇지만 마음이 약하면 지혜가 나오지 않습니다. 본성의 소리가 바른 길을 알려줘도 차마 그걸 선택하지 못합니다. 마음이 약하다는 건 영혼의 질량이 부족하다는 얘깁니다. 자기 영혼의 질량을 채우지 못하면 그 어떤 현자가 와서 멘토링을 해주어도 그는 올바른 선택을 하지 못합니다. 주변 사람들의 말에 휘둘리거나 시류에 휩쓸려 오판의 나락으로 떨어지기 십상입니다.

이런 실책을 막아주는 게 인성공부입니다. 인성을 갖추면 영혼의 질량이 갖추어져 남들에게 가볍게 휘둘리지 않습니다. 겁을 먹지도 않습니다. 인성이 차면 찰수록 자신도 모르는 사이에 뱃심이 두둑해집니다. 그런 사람들은 머리 싸매고 고민하지 않으면서 3의 길을 자신 있게 선택할 수 있게 됩니다. 그리고 전도양양을 포상처럼 누리게 됩니다.

9-8

즐거운 삶, 기쁜 삶, 행복한 삶

인성 180도 바꾸기

당신의 삶은 즐거운가요? 기쁘고 행복한가요?

이런 질문을 받았을 때 자신 있게 대답할 수 있는 사람이 과연 몇이나 될까요? 가끔은 즐거웠습니다. 간혹 기쁘고 행복했습니다. 아마 이 정도로 대답하는 사람들이 태반일 것입니다.

하지만 100일 공부를 하면서 이런 소박한 여지마저도 가차 없이 깨지고 말았습니다. 정법은 지금까지 진짜로 즐거운 사람은 단 한명도 없었다고 단언했기 때문입니다. 기쁘고 행복한 사람은 더더욱 없었다고 했습니다. 우리들이 살아온 선천은 즐거움과 기쁨, 행복이 성립될 수 없는 환경이라는 것입니다. 선천에선 그저 좋은 것을 즐겁고 기쁘고 행복하다고 표현했을 뿐입니다. 반면에 후천은 고진감래가 이뤄지는 시대라고 설명했습니다. 고생 끝에

낙이 온다는 것입니다. 아니, 고생을 했으니 낙을 누려야 한다는 것입니다.

그렇다면 고진감래의 조건은 무엇일까요? 인공지능은 인간을 위협하고, 4차 산업혁명은 럭비공처럼 어디로 튈지 가늠조차 제대로 안되고, 제2의 IMF가 터진다는 무서운 전망이 속출하는데도 고진감래가 과연 가능할까요? 정법의 대답은 'Yes' 당연히 가능하다는 것이었습니다.

정법은 우선 제2의 IMF가 오더라도 바르게 사는 사람들은 전혀 어려움을 겪지 않는다고 강조합니다. 그것이 대자연의 법도라고 설명했습니다. 바르게 사는 것에 대해서는 지금까지 쭉 설명했지만 간략하게 정리하면 다음과 같습니다.

1) 자신의 모순을 냉철하게 정리한다. (남 탓, 고집, 잘난 척 등)
2) 사람들과 걸림 없이 융합한다.
3) 지식에 진리를 장착해 새로운 패러다임을 창출한다.

이런 기조 아래 사람들은 모두 연구원이 되어야 합니다. 노동자가 아니라 연구원이 되어야 합니다. 노동이 아니라 연구를 해야만 비로소 즐거운 삶이 펼쳐지기 시작합니다. 아니, 나는 가방끈도 짧고 월급쟁이로 빠듯하게 사는데 무슨 연구를 한단 말이오? 이런 반문은 관점 자체가 틀렸습니다. 가방끈이 길든 짧든 사람들은 생활환경을 통해 기본적인 지식을 이미 충분히 습득했습니다. 또 월급쟁이를 하고 있다면 지금 하고 있는 그 일이 연구대상입니다. 자영업자들도 마찬가집니다. 치킨집을 하고 있다면 치킨연구소로 생각해야 합니다. 자기 이름을 그 앞에 붙이면 더 좋습니다. 000치킨연구소, 멋지지 않습니까? 자신은 연구소의 소장이 되는 것입니다. 어떤 치과의 원장님은 치과와 연구원장을 겸직하기도 했습니다. 0000 치과의 원장을 하면서 치과 안에 '0000 치아건강연구소'를 차렸습니다. 물론 별도의 시설이나 장비는 전혀 들지 않습니다. 기존의 치과활동을 하면서 연구를 하고 연구일지만 작성하면 됩니다. 하지만 연구결과를 학회나 언론 등에 발표할 때 치과 원장보다는 치아건강연구소 원장 자격으로 하면 누가 보더라도 신뢰감이 더 높아질 것입니다.

그럼 집에서 살림만 하는 주부는요? 주부에게도 일상에서 실행할 수 있는 연구거리가 지천으로 널렸습니다. 살림연구소, 가계부연구소, 부부문제연구소, 자녀교육연구소, 이웃관계 연구소, 주부네트워킹 연구소...이런 연구를 하면서 3년 동안 연구일지를 작성하고 그걸 다듬어 책으로 펴내면 어떻게 될까요? 그 분야의 실전전문가로 인정을 받게 됩니다. 3년 동안 자료를 축적하는 게 지루하다면 블로그를 만들어 날마다 그 연구활동을 이웃들과 공유해도 됩니다. 또 요즘은 유튜브 시대이니 바로 유튜브에 올리면 그 임팩트가 더욱 강해질 수도 있습니다.

이런 관점에서 접근하면 몸으로 때우는 막노동을 하는 사람도 훌륭한 연구원입니다. 막노동 분야에도 연구거리가 어디 한두 가지이겠습니까?

연구원의 자세로 일을 처리하면 모든 것이 근본적으로 달라집니다. 일이 노동이 아니라 공부가 됩니다. 막노동을 하면서도 뭔가를 끊임없이 배우는 것입니다. 그러면 수입의 의미가 달라집니다. 공부하고 배우면서 돈까지 받는 고마운 일상을 체험합니다. 그것이 쌓여 작지만 의미 있는 새로운 패러다임을 발굴하면 주변은 물론 세상을 널리 이롭게 할 수 있습니다.

요즘 TV에 많이 뜨는 '빅마마'의 경우 지방에서 주부로 지내는 게 무료해 주변 아줌마들에게 취미삼아 요리를 가르치는 것으로 소박하게 시작했습니다. 자신의 주특기라 신나고 재미있게 요리를 가르치자 그게 입소문이 나서 나중에는 서울로 진출해 요리전문가로 성장했습니다. 또 요즘은 TV에서 인생컨설팅까지 해주며 요리 이외의 분야로 활동무대를 넓혀가고 있습니다.

반면에 잘못된 인성을 그대로 방치하면서 먹고 살기 위해 어쩔 수 없이 일한다면 희망이 없습니다. 그런 사람은 인간들에게 농락당하고, 탁기들에 휘둘릴 수밖에 없습니다. 언제나 남에게 끌려다니며 자기 인생을 충만하게 살아갈 수 없습니다. 세상은 일부 온정적인 면도 분명히 있지만 전체적으로는 냉철합니다. 약육강식의 법칙은 동물뿐만 아니라 인간세상에서도 생각보다 더 광범위하게 작용하고 있습니다.

정법은 나의 활동으로 인해 상대가 어려움이 풀리고 형편이 좋아지면 나에게 즐거움이 생겨난다고 설명합니다. 그런 활동들이 더 확장된 결과 상대가 나를 존중하면 나에게는 기쁨이 생겨납니다. 더 나아가 상대들이 나를 존경까지 하면 내 인생은 절로 행복해집니다. 즐거움과 기쁨, 그리고 행복은 이렇게 이뤄집니다.

예로부터 인간의 몸을 받기는 어렵다고 했습니다. 어렵사리 받아온 모처럼의 인생입니다. 다시는 윤회하지 않을 마지막 일생을 사는 분들도 있을 겁니다. 이토록 소중한 인생을 충만하게 채우려면 즐겁고 기쁘고 행복하게 살아야하는 게 너무나 당연합니다.

에필로그

정법의 가치와 비전은 홍익인간, 즉 널리 인간을 이롭게 하는 것입니다. 현재 유튜브 정법강의 구독자는 6만4천명, 실제 공부자는 50-60만 정도로 추산됩니다. 이 숫자가 300만을 넘어서면 해외로 진출합니다. 미국과 일본, 동유럽과 일본 등에서는 이미 여러 차례 시범교육을 실시했습니다. 교육사업의 핵심은 인성교육입니다. 이것으로 장차 교육한류를 일으킵니다. 세계 곳곳에 이미 뿌리를 내린 교민사회와 이 사업을 연대합니다. 교육은 온라인 70%, 오프라인 30%의 비율로 진행합니다.

인성이 중요하다는 건 누구나 다 압니다. 작게는 개인의 행불행, 크게는 가정과 사회, 국가의 존망과도 직결된 과제입니다. 그렇기에 대한민국은 지난 2천15년에 세계에서 처음으로 인성교육진흥법을 제정하기도 했습니다. 하지만 인성교육의 방향은 여전히 오리무중입니다. 아직도 인성의 기본적인 개념조차 제대로 정립되지 않았습니다. 심지어 대학 진학에 대비한 스펙쌓기용 사교육으로 악용된 사례도 적지 않습니다.

이렇게 갑갑한 상황에서 출현한 정법은 유튜브 강의를 통해 '홍익인간 인성교육'을 펼치고 있습니다. 일단은 반가운 현상입니다. 인터넷 시대에 걸맞게 오프라인이 아니라 온라인에서 교육을 실시하는 것도 바람직한 방법입니다.

그러나 전문가들에 의해 정법에 대한 체계제인 검증이 이뤄지지 않은 점은 아쉬운 대목입니다. 철저한 검증을 통해 사회적인 공인을 받지 않으면 설사 그 내용이 아주 좋다고 하더라도 세인들이 마음 놓고 공부하기엔 불안한 측면이 있게 마련입니다. 이제는 인성교육의 필요성에 공감하는 전문가 그룹이 정법에 대한 검증작업에 착수할 필요가 있습니다. 그것이 지식인들의 소명이자 사회적 수요에 부응하는 공적인 책무입니다. 이 작업은 결코 혼자서는 할 수 없습니다. 교육자, 언론인, 정신과 전문의, 관료, 조직의 수장, 중간간부, 자식을 키우는 부모 등등이 팀을 짜서 해야만 하는 작업입니다.

전문가들의 협업을 통해 홍익인간 인성교육의 타당성이 입증된다면 그때부터는 방송과 신문, 잡지 등이 앞다투어 이를 소개할 것입니다. 그것이 방송과 언론의 속성이기 때문입니다. 그렇게만 되면 스스로 검증할 역량이 부족한 사람들도 안심하고 정법의 인성교육을 들을 수 있을 것입니다.

AI, 즉 인공지능 시대가 생각보다 더 빨리 우리 곁으로 다가오고 있습니다. 다들 겉으로는 평온한 척 일상을 살아가지만 불안한 속내를 감추지 못하고 있습니다. 한 번도 경험해보지 못한 문명이 열리는 시대, 이 전대미문의 시대를 무탈하게 혹은 행복하게 살아가려면 우리들의 인성을 과연 어떻게 리셋해야 할까요? 우리들이 고수했던 기존의 패러다임을 어떻게 재편해야 할까요?

"당신이 옳다."

정신과 전문의 정혜신은 저서를 통해 이렇게 말했습니다. 책 제목도 아예 저렇게 뽑았습니다. 당신이 옳다는 전제하에 그 사람의 말을 들어주고 경계를 품은 공감을 해주자고 주장했습니다. 그녀는 이것을 '적정심리학'이라고 이름 지었습니다. 그녀의 말은 일단 옳습니다. 저 이론을 정립하기까지 진료실 안팎에서 수없이 많은 환자나 일반인을 면담하고, 재난현장에선 상식을 초월하는 트라우마와도 직면했을 것입니다. 오죽하면 정신과 전문의인 그녀가 '집 밥 같은 치유'를 호소하고 나섰겠습니까.

하지만 감성적인 호소력이 있다고 해서 그것이 바로 해결책이 될 수는 없습니다. 그녀가 저서 『당신이 옳다』를 발간하고 방송에 출연해 심리적 심폐소생술을 설파하는 동안에도 남녀군상들의 우울증 자살은 끊이지 않았습니다. 유명한 여배우가 스스로 목숨을 끊었고 한때 세상을 흔들었던 전직 국회의원도 그렇게 생을 마감했습니다.

이제는 좀 더 근본적인 해결책이 필요합니다. 병이 발병한 이후에 허겁지겁 치료에 매달리는 게 아니라 병 자체가 침범할 수 없는 튼튼한 인성을 만드는 게 더 우선입니다. 또 인연이 닿는 소수만이 아니라 불특정 다수를 동시에 치유할 수 있는 더욱 보편적인 치유법이 절실합니다.

개인적으론 정법공부를 통해 기대 이상으로 많은 걸 얻었습니다. 사고방식이 파격적으로 변했고 근심, 걱정이 대폭 줄었습니다. 불투명한 미래에 대한 두려움도 거의 없어졌습니다. 그렇기에 우선은 개인적인 체험을 토대로 인성의 문제를 30% 범위 안에서 점검해봤습니다. 이 정도의 정리만 해도 길을 잃고 헤매는 사람들에겐 나름대로 이정표 역할을 할 수 있으리라 생각됩니다.

정법이 지향하는 바는 원대합니다. 먼저 국내에서 교육을 실시하지만 장차 전 세계 사람들에게 인성교육을 보급하는 게 근본적인 목표입니다.천하 만민을 구하겠다는 웅대한 청사진을 현실로 만들려면 가장 중요한 과제가 무엇일까요? 내 앞에 다가온 어려운 사람 하나를 구하는 것입니다. 그걸 제대로 하려면 무엇을 해야 합니까? 먼저 자신을 갖추어야 합니다. 자신을 갖추지 않으면 남을 구하기는커녕 자신조차 지탱하지 못합니다. 그렇기에 우리들이 지향하는 새로운 패러다임은 이전과는 180도 다를 수밖에 없습니다.

세상에선 이미 경제전쟁의 포성이 울렸습니다. 냉혹한 경제전쟁이 세계적인 규모로 펼쳐지고 있습니다. 미국과 중국이 충돌하고 한국과 일본이 대립합니다. 이런 난세를 돌파하는 가장 기본적인 힘은 당연히 개개인의 인성에서 나오게 됩니다.

"냉철하고 또 냉철하라. 몸에서 피가 터질 정도로 노력해서 자신의 역량을 키워라. 남자는 국부, 여자는 국모 수준의 케파를 갖춰라."

정법은 이런 자세로 난세에 임하라고 독려합니다. 혼신의 힘을 다해 노력하라! 이것이 정법의 실천강령입니다. 정법의 인성교육은 단순히 개개인의 인성을 좋게 만드는 것으로 끝나는 게 아닙니다. 그런 인성을 바탕으로 이웃과 사회, 나라와 인류를 현실적으로 이롭게 만들라는 것입니다. 또 홍익사행도를 그 실천과제로 세상에 제시했습니다. 그에 대한 판단과 선택은 전적으로 각자의 몫입니다.

〈홍익사행도〉

1. 나는 이웃을 위해 무엇을 해야 하는가?
2. 나는 사회를 위해 무엇을 해야 하는가?
3. 나는 나라를 위해 무엇을 해야 하는가?
4. 나는 인류를 위해 무엇을 해야 하는가?